MARSCH UND KAMPF

DES DEUTSCHEN
AFRIKAKORPS 1941

Motto:

Den gefallenen Kameraden
zum Gedächtnis,
den Lebenden zur Erinnerung,
der Heimat zur Brücke zum Verstehen!

Walther Nehring
General der Panzer

Walther Nehring
General der Panzertruppe

MARSCH UND KAMPF

DES DEUTSCHEN AFRIKAKORPS 1941

HERAUSGEGEBEN VOM
GENERALKOMMANDO
DES DEUTSCHEN AFRIKAKORPS

SEIT 1789
Verlag E.S. Mittler & Sohn · Berlin · Bonn · Herford

Bildnachweis

Schutzumschlag: Foto Erwin Rommel vom Bildarchiv Ullstein, Berlin, und eine Skizze von Kurt Caesar
Inhalt: Alle Skizzen von Kurt Caesar

Die Deutsche Bibliothek – CIP-Einheitsaufnahme

Marsch und Kampf des Deutschen Afrikakorps 1941
hrsg. vom Generalkommando des Deutschen Afrikakorps. –
Berlin ; Bonn ; Herford : Mittler, 1994
ISBN 3-8132-0447-2
NE: Deutschland <Deutsches Reich> / Afrika-Korps / Generalkommando

Die erste Ausgabe erschien 1943 im Carl Röhrig Verlag, Komm.-Ges., München

ISBN 3 8132 0447 2, Warengruppe 21

Schutzumschlag-, Einband- und Innentitelgestaltung: Martina Billerbeck, Bielefeld, unter Verwendung der oben genannten Abbildungen
Layout und Produktion: Robert Johannes
Gesamtherstellung: Ilmgaudruckerei und Verlags GmbH, Pfaffenhofen
Printed in Germany

Inhaltsverzeichnis

Mitarbeiter

Das Motto des Buches schrieb:
General der Panzertruppe W. Nehring
Alle Beschreibungen der Kampfhandlungen 1941 verfaßte:
Oberst i. G. Bayerlein
Chef des Generalstabes des deutschen Afrikakorps
Afrikatransporte schrieb:
Oberstleutnant Graf von Klinkowstroem,
Leiter der Afrikatransporte
Den geschichtlichen und kulturellen Teil schrieb:
Sdf. (Z) Kurt Caesar
Sämtliche Zeichnungen wurden unter dem unmittelbaren Eindruck des Kampfgeschehens an der Front angefertigt von
Sdf. (Z) Kurt Caesar

Das Vorwort zu diesem Nachdruck schrieb:
Manfred Rommel
Die Einleitung zu diesem Nachdruck schrieb:
Reinhard Stumpf

Vorwort

Es geschieht nicht alle Tage, daß ein Sohn ein Vorwort zu einem Buch schreibt, zu dem bereits der Vater eines geschrieben hatte. Während meinem Vater als Befehlshaber der Panzergruppe Afrika, später Armee und dann Heeresgruppe, eine fachliche Kompetenz hinsichtlich des Gegenstandes dieses Buches kaum abgesprochen werden kann, fehlt diese bei mir völlig. Denn ich habe es nur bis zum Luftwaffenhelfer und Arbeitsmann gebracht, und meine militärische Karriere endete im Kriegsgefangenenlager im Jahr 1945. Aber immerhin kannte ich General Nehring, besonders gut aber den späteren Generalleutnant Fritz Bayerlein, den Verfasser des operativen Beitrags. Er war einer der tüchtigsten deutschen Generalstabsoffiziere.
Im Unterschied zu den beiden Herren und zu meinem Vater war ich in Kairo und Alexandria. Ich bin auch nach El Alamein gekommen, allerdings vom Osten her und als Tourist. Es sind dort nicht mehr viele Überreste aus dem afrikanischen Krieg zu sehen, außer den großen Friedhöfen, einem Museum und einigen an der Küstenstraße aufgestellten Panzerfahrzeugen und Geschützen. Doch in weiten Gebieten der nordafrikanischen Wüste liegen auch heute noch Hunderttausende von Minen, die beide Seiten gelegt haben, um ihre Infanterie vor Panzern zu schützen. Deshalb fordert der Krieg noch immer seinen Preis. In den Begräbnisstätten liegt so mancher, den ich als Junge kennengelernt hatte, als er mit meinem Vater unser Haus in Wiener Neustadt besuchte. Der Bewegungskrieg in Nordafrika war für Generale, Offiziere, Unteroffiziere gleich gefährlich, habe ich mir sagen lassen. Es gab meistens keine richtige Front, kein vorne und kein hinten. Mein Vater hat erstaunlicherweise alle Gefahren unverletzt überstanden, wenn man von einem größeren Bluterguß absieht, den ihm ein britischer Granatsplitter zugefügt hatte, der in seinem Mantel und Gürtel steckenblieb. Ihm war bestimmt, erst am 14. Oktober 1944 zu sterben.

Vieles sehen wir heute anders als damals. Wir wissen mehr als die, welche damals in der Wüste dienten. Uns Deutschen wurde, nicht zuletzt angesichts der von der NS-Regierung begangenen Mordtaten, klar, daß es besser war, den Krieg zu verlieren, als ihn mit und für Hitler zu gewinnen. Eine bittere Erkenntnis angesichts so großer Opfer, so vieler Toter und Verstümmelter. Die nachfolgende Generation weiß mehr und glaubt deshalb leicht, daß sie die Fehler der Vergangenheit nicht gemacht hätte. Aber da ist Vorsicht zu empfehlen. Mein Vater hat während des afrikanischen Feldzuges geglaubt, daß es in der italienischen Marine und Armee Kreise gäbe, die Zeitpunkt und Route der Schiffstransporte nach Nordafrika den Briten mitgeteilt hatten. Das nahm er im Blick auf die vielen Deutschen und Italiener ziemlich übel, die bei der Versenkung von Schiffen durch die alliierte Marine und Luftwaffe umgekommen waren. In Wirklichkeit konnten die Briten mit einem Großrechner den Code verschlüsselter deutscher Funksprüche lesen.

Eine solche Möglichkeit zog die deutsche und italienische Seite damals nicht einmal in Betracht. Mein Vater müßte, wenn er noch lebte, den Italienern, die er damals verdächtigt hatte, Abbitte leisten.
Was bleibt? Was für die Militärwissenschaften von heute bleibt, vermag ich nicht zu beurteilen. Die Kriege zwischen Israel und seinen Nachbarn verliefen wohl nach ähnlichen militärischen Regeln, wie sie sich 1941 bis 1943 in der Wüste herausgebildet hatten. Der – meines Erachtens notwendige – Krieg im Golf zwischen Saddam Hussein und der US-Armee sowie ihren Verbündeten verlief ganz anders. Bei gewaltigem Technikaufwand, bei Orchestrierung aller Kriegsmittel, bei besonnener und kluger Strategie gelang es den Amerikanern, ihren Gegner binnen kürzester Zeit bei sehr geringen eigenen Verlusten wehrlos zu machen.
Auf dem nordafrikanischen Theater prallten 1941 bis 1943 noch die Großverbände aufeinander, bei erheblichen Verlusten auf beiden Seiten. Niemand wußte genau, was die andere Seite plant und tun wird. Mein Vater meinte: Eine Schlacht, die genau nach Plan verläuft, beruht entweder auf massiver Überlegenheit der einen Seite oder großer Unfähigkeit der anderen Seite. Die Aufklärungsmittel waren damals höchst bescheiden, wenn man sie mit denen vergleicht, die heute zur Verfügung stehen. Man wußte vom Gegner nicht viel, und eine zutreffende Übersicht über das Gefechtsfeld war schwer zu erlangen. Deshalb hing vieles von der Fähigkeit ab, sich schnell auf überraschende Veränderungen einstellen zu können: Eine Strategie und Taktik, die ständig dazulernt. Das klingt für einen Verwaltungsmann wie mich modern, wenn ich an die heutigen Bestrebungen denke, die Betriebe und Behörden im Sinne größerer Flexibilität und Lernfähigkeit umzugestalten.
Ungewöhnlich und bemerkenswert ist, daß der gegenseitige Respekt der Menschen, die gegeneinander in Nordafrika kämpften, früh entstand und im Verlauf der Kampfhandlungen eher zunahm als abnahm. Die alliierten Truppen genossen auf deutscher Seite Respekt, fast könnte man von einer gewissen Sympathie reden – und viele deutsche Soldaten bedauerten, daß sie gegen diese kämpfen mußten. Solche Gefühle gab es auch in den alliierten Verbänden. Die britischen und amerikanischen Befehlshaber wie Wavell, Auchinleck, Montgomery, Eisenhower und Patton genossen auf deutscher Seite hohes Ansehen. Gewiß hat diese gegenseitige Achtung einen Beitrag dazu geleistet, daß die Alliierten sehr früh nach dem 2. Weltkriege sich mit uns Deutschen versöhnten und uns in die Gemeinschaft freier Völker aufnahmen. Ich erinnere mich noch an ein Fußballspiel, das 1951 zwischen Soldaten der 7. Britischen Panzerdivision und ehemaligen Angehörigen des Afrikakorps stattfand. Das Spiel ging zwar genau so aus wie der afrikanische Feldzug; es endete mit einer deutschen Niederlage. Aber wir alle waren doch gerührt, daß eine so freundschaftliche Begegnung der früheren Gegner bereits sechs Jahre nach dem furchtbarsten aller Kriege möglich war.
Stuttgart, im September 1994 *Manfred Rommel*

Einleitung

I.

Am 12. Februar 1941 betrat Generalleutnant Erwin Rommel als Befehlshaber der deutschen Truppen in Libyen zum ersten Mal afrikanischen Boden. Adolf Hitler hatte ihn beauftragt, in der italienischen Musterkolonie mit deutscher Unterstützung eine Abwehrfront gegen die britische Western Desert Force aufzubauen, die sich seit ihrem Sieg über die Italiener in Westägypten im September 1940 in stetem Vormarsch auf Tripolis befand. Rommel ergriff sofort die Initiative, rückte mit seinen wenigen deutschen motorisierten Kräften dem Feind nach Osten entgegen, unterstellte sich auch die italienischen Truppen an der Front und begann mit einer heftigen Aufklärungstätigkeit, um die Lage der Briten zu erforschen. Als er feststellte, daß die gegnerische Offensive zur Ruhe gekommen war, ging er überraschend zur Gegenoffensive über. Innerhalb von vierzehn Tagen eroberte er die Halbinsel Cyrenaika, die Tripolitanien, das Kernland Libyens, von Ägypten trennt, wieder zurück und stieß bis Mitte April nach Ägypten vor.
Seine deutschen Truppen waren noch Ende Februar unter dem Generalkommando des »Deutschen Afrikakorps« (DAK) zusammengefaßt worden. Aus der 5. leichten Division, mit der Rommel seine Offensive begonnen hatte, wurde später die 21. Panzerdivision; die 15. Panzerdivision trat noch während der Offensive hinzu. Diese beiden Divisionen machten während des gesamten Afrikakrieges den Kern des Deutschen Afrikakorps aus, das unter der energischen und wendigen Führung Rommels und seiner Nachfolger als Kommandierende Generale im idealen Panzergelände der nordafrikanischen Wüstensteppe seine aufsehenerregenden Erfolge errang.
Schwieriger wurde Rommels Lage, als er durch die Umstände zum Festungs- und Stellungskrieg gezwungen wurde. In der Frühjahrsoffensive 1941 war es ihm nicht gelungen, die starke Festung Tobruk zu nehmen; sie wurde von See her versorgt und konnte sich halten, bis sie im Dezember 1941 die große britische Gegenoffensive unter General Wavell entsetzte. Rommel konnte erst im Januar 1942 wieder zum Gegenschlag antreten. Seine Offensive durch die Cyrenaika bis tief nach Ägypten hinein war operativ viel erfolgreicher als die des Jahres zuvor: Nach der eindrucksvoll gewonnenen Umfassungsschlacht von El Gazala nahm Rommel die Festung Tobruk aus der Bewegung heraus und stürmte dann weiter nach Osten vor. Aber seine Kräfte waren erschöpft; der Nachschub wurde von der britisch gebliebenen Insel Malta aus dezimiert, und die deutsche und italienische Luftwaffe waren der Royal Air Force nicht mehr gewachsen.
Vor El Alamein schließlich, nur 120 km von Alexandria und damit vom Nildelta entfernt, zwang der britische Gegner – nun die 8. Armee unter General Montgomery – Rommels Panzerarmee wieder in den Stellungskrieg. Nach heftigen Kämpfen durchbrach dann die 8. Armee am 4. November 1942 die geschwächte Front der Deutsch-Italienischen Panzerarmee. Auf dem traurigen, aber brillant geführten Rückzug nach Tunesien zeigte Rommel

nochmals seine große operative Begabung, die die Panzerarmee für einige Zeit vor der Vernichtung bewahrte.
Schon aus dieser knappen Übersicht wird deutlich, daß der Krieg in Nordafrika nicht vom Deutschen Afrikakorps allein geführt worden ist. Rommel, der auch heute hauptsächlich als Führer des Deutschen Afrikakorps in Erinnerung ist, hat das Korps tatsächlich nur sechs Monate lang selbst geführt; dann rückte er in höhere Verwendungen auf. Zum 1. September 1941 wurde unter seinem Befehl und unter Einbeziehung italienischer Armeekorps die »Panzergruppe Afrika« gebildet, aus der dann Ende Januar 1942 die »Panzerarmee Afrika« entstand, mit der Rommel Tobruk eroberte und nach El Alamein vorstieß. Während der dortigen Entscheidungsschlacht benannten Hitler und Mussolini die Armee zum 1. November 1941, um die deutsch-italienische Schicksalsgemeinschaft zu dokumentieren, in »Deutsch-Italienische Panzerarmee« um.
Dies war auch sachlich gerechtfertigt, denn die Masse von Rommels Truppen bildeten italienische Heeressoldaten, was oft übersehen wird. Die Panzerarmee setzte sich bis zur Katastrophe von El Alamein im allgemeinen aus fünf Korps zusammen, zwei schnellen und drei Infanteriekorps. Davon stellten die Italiener vier, die Deutschen nur eines, eben das Deutsche Afrikakorps, zu dem Ende 1941 noch eine deutsche motorisierte Division, die 90. leichte Afrikadivision, und 1942 die (Fallschirm-)Jägerbrigade Ramcke der Luftwaffe sowie die 164. leichte Afrikadivision hinzutraten. Die drei zuletzt genannten deutschen Großverbände unterstanden direkt der Panzerarmee, gehörten also nicht zum Afrikakorps.
Während die beiden schnellen Korps – das Afrikakorps als Panzerkorps, das gemischte italienische Schnelle Korps mit der Panzerdivision Ariete und der motorisierten Division Trieste – und die 90. leichte Afrikadivision die operative Schlagkraft der Panzerarmee ausmachten, war Rommel für den Festungs- und Stellungskrieg, aber auch zur Besetzung von Sicherungsstellungen auf die italienische Infanterie angewiesen. Ihr Transport und ihre Versorgung stellte die Armeeführung bei Vormarsch und Rückzug vor große Probleme – ähnliches gilt natürlich auch für die nichtmotorisierten deutschen Infanterieverbände auf dem Rückzug nach Tunesien. Generell kann man sagen, daß die italienischen Truppen auf den Gebieten Ausrüstung, Ausbildung und Führung, aber auch in der Kampfmotivation zum Teil beträchtlich hinter dem Standard des deutschen Heeres zurückblieben, und dies schlug sich naturgemäß in der Kampfkraft nieder. Um so erstaunlicher ist es, mit welcher Zähigkeit einzelne italienische Verbände im Festungskrieg und im freien Feld öfter kämpften, als man es in deutschen Berichten gewöhnlich wiederfindet. Während der Entscheidung von Alamein schlugen sich die Panzersoldaten der Division Ariete mit großer Bravour, und dies in schwachen und schlecht bewaffneten Panzern, die in der deutschen Armee allenfalls als Aufklärungsfahrzeuge verwendet worden wären.

II.

Rommel selbst verdankt dem Afrikakrieg seinen Ruhm, seine Orden und nicht zuletzt seinen glanzvollen Aufstieg vom Generalleutnant zum Generalfeldmarschall (22. Juni 1942 nach Tobruk), vom Divisionskommandeur, der er in Frankreich gewesen war, zum Oberbefehlshaber der Heeresgruppe Afrika (Ende Februar 1943 in Tunis). Im März 1943 verlieh ihm Hitler mit den Brillanten zum Ritterkreuz des Eisernen Kreuzes mit Eichenlaub und Schwertern die höchste deutsche Tapferkeitsauszeichnung. Erst in seiner afrikanischen Zeit wurde Rommels Name öffentlich bekannt, jetzt erst trat der »Wüstengeneral« aus der Fülle deutscher Generale, die sich wie er im Frankreichfeldzug ausgezeichnet hatten, heraus.

Als Befehlshaber eines deutschen Expeditionskorps auf einem exotischen Kriegsschauplatz agierend, scheinbar auf sich selbst angewiesen, da man dem italienischen Bundesgenossen nichts Rechtes zutraute, war ihm die Aufmerksamkeit der deutschen, nach seinen ersten sensationellen Erfolgen auch der internationalen Öffentlichkeit sicher. Die nationalsozialistische Propaganda bemächtigte sich seiner, und die britische Presse, die nach dem Erfolg gegen die Italiener im Herbst 1940 endlich wieder einen siegreichen britischen Vormarsch melden wollte, wandte sich unwillig dem neuen Gegner zu. Rommels Kühnheit, sein listiges Vorgehen und sein medienwirksames Auftreten taten ein übriges. Am Beginn von Rommels Ruhm steht nicht die Eroberung des Monte Matajur und der Vorstoß nach Longarone, die ihm 1917 den Orden »Pour le mérite« eingetragen hatten, auch nicht sein rasanter Vormarsch zur Kanalküste mit der 7. Panzerdivision in Frankreich 1940, für den er das Ritterkreuz erhielt, sondern seine »Blitzoffensive« zur Wiedereroberung der Cyrenaika mit dem Deutschen Afrikakorps im Frühjahr 1941. Von diesem Zeitpunkt an, und im Grunde bis heute, blieben die Begriffe Rommel und Deutsches Afrikakorps unzertrennlich.

Durch die Kühnheit, mit der er seine Operationen plante und durchführte, durch die Erfolge, die er dadurch erzielte, vor allem aber durch seine ständige Präsenz bei der Truppe wurde Rommel bei den ihm unterstellten deutschen und italienischen Soldaten rasch populär. Er führte grundsätzlich von vorne und scheute keine persönliche Gefahr. Weil er mehrfach schwierigsten Kampfsituationen unverletzt entkam und in seinen zwei afrikanischen Jahren nie schwer verwundet wurde, bildeten sich bald Legenden von seiner angeblichen Schußfestigkeit, die natürlich unsinnig waren, aber dem Namen Rommel bei dem Frontsoldaten eine fast mythische Aura verliehen.

Die nationalsozialistische Presse griff die aufsehenerregenden Siegesmeldungen aus Afrika begierig auf. Von heimkehrenden Afrikakämpfern wurde Rommels Popularität nach Deutschland getragen und von der Propaganda weiter ausgeschlachtet. Ähnlich war es in Italien, wo Rommels Ansehen zum Leidwesen mancher italienischer Generale kaum geringer war als in Deutschland. Sein spukhaftes Auftreten an Frontstellen, wo man nicht mit

seinen Truppen gerechnet hatte, sein Geschick, durch streng koordiniertes Zusammenwirken seiner Panzerdivisionen die britischen Panzerbrigaden nacheinander zu schlagen, nicht zuletzt aber auch sein ritterliches Verhalten gegenüber dem gefangenen Gegner machten Rommel auch bei den Soldaten der britischen 8. Armee, die nur zum geringen Teil aus dem britischen Mutterland stammten, populär. Dies ging so weit, daß sich General Auchinleck, der 1941/42 Oberbefehlshaber des britischen Heeres im Mittleren Osten mit Sitz in Kairo war, mit einem besonderen Tagesbefehl gegen den Rommel-Mythos zur Wehr setzte.
Rommels eher spröde und im Grunde distanzierte, auch zur Härte neigende Persönlichkeit, deren menschliche Wärme sich meist nur dem erschloß, der sich länger in seiner Nähe aufhielt, übte besonders auf den einfachen Soldaten und den jungen Truppenoffizier eine besondere Faszination aus. Seine große taktische und operative Begabung, gepaart mit klarem Zielbewußtsein und einer enormen Willenskraft, verfehlt bei nüchterner Beurteilung seiner Operationsführung auch auf heutige Betrachter ihre Wirkung nicht. Zudem hat es Rommel immer abgelehnt, seine Truppen sinnlos – d. h. in Anbetracht der Umstände: ohne *militärischen* Sinn – zu opfern; dafür gibt es viele Belege. Als er später, nach der alliierten Invasion vom Juni 1994, Hitler aufforderte, auch nach dem *politischen* Sinn weiterer Opfer zu fragen, fiel er endgültig in Ungnade. Und als nach dem 20. Juli 1944 deutlich wurde, daß die Verschwörer des 20. Juli, die ja überwiegend Generalstäbler und inaktive Generale waren und dringend einen populären Feldmarschall und aktiven Truppenführer auf ihrer Seite benötigten, ihre Hoffnung auch auf Rommel gesetzt hatten, ohne daß er freilich in die Details der Umsturzplanungen eingeweiht worden wäre, war sein Schicksal besiegelt. Am 14. Oktober 1944 zwang ihn Hitler, dessen Günstling er bis zur Schlacht von El Alamein gewesen war, zum Selbstmord. Diese – nicht selten über-, heute oft unterschätzte – Nähe zum Widerstand und die kalte Dramatik seines Todes trugen sein Ansehen über das Kriegsende 1945 hinweg.
Natürlich gab und gibt es viele zeitgenössische und posthume Kritiker des eigenwilligen Generals. Der Chef des Generalstabes des Heeres zum Beispiel, Generaloberst Halder, war im Frühjahr 1941 erbost darüber, daß Rommel das afrikanische Engagement ausdehnte, statt es, wie er es wünschte, begrenzt zu halten; freilich wußte er, nicht aber Rommel, daß Hitler die Sowjetunion angreifen wollte. Rommel war Troupier, nicht Generalstabsoffizier, wie die meisten Generale; so neidete ihm mancher Generalstabsoffizier seinen Aufstieg und führte seine oft harschen Führungsmethoden auf mangelnde Schulung zurück. Offiziere, die unter ihm litten, trugen ihre Kritik über ihre Memoranden oder Memoiren in die historische Forschung hinein. Ältere Generale aus der Panzertruppe, die ihm, dem jüngeren Infanteristen, unterstellt waren, ertrugen seinen Führungsanspruch nicht.
Nach dem Zweiten Weltkrieg hat man in Forschung und Publizistik kriti-

siert, daß Rommel seine Karriere im Zweiten Weltkrieg weitgehend Hitler verdankte, der Rommels Verwendung als Divisionskommandeur in Frankreich und als Kommandierender General in Afrika gegen den Willen des Generalstabes des Heeres durchgesetzt hatte. Man hat Rommel übelgenommen, daß er dem Nationalsozialismus lange unkritisch gegenüberstand, daß er Hitlers wahren Charakter nicht sogleich erkannte und daß der afrikanische Auftrag seinem Ehrgeiz schmeichelte. Seine Absicht, mit stark unterlegenen Kräften Ägypten zu erobern, sei irreal gewesen und habe die Möglichkeiten des Nachschubs über See sträflich vernachlässigt. Überhaupt sei die Absicht, Ägypten zu erobern, hauptsächlich in Rommels Drang nach Kriegsruhm begründet gewesen. Daß nach Beginn der Invasion sein Plan, mit dem Westgegner – seinem alten Gegenspieler Montgomery – zu verhandeln, noch mit der Person Hitlers rechnete, hielt man für illusionär und für einen späten Beleg seiner Führerbindung.

Es fehlt hier der Raum, alle diese Einwände im einzelnen zu untersuchen; hier bleibt der Spezialforschung noch ein weites Feld, das möglichst ohne Emotionen beackert werden sollte. Rommel war nicht unfehlbar und hat sicher Fehler begangen, vor allem 1941, in seinem ersten afrikanischen Feldzug. Man darf ja nicht übersehen, daß Rommel den Kriegsschauplatz nicht als gelernter »Wüstenfuchs« betrat; er war zum ersten Mal in Afrika wie die allermeisten seiner deutschen Untergebenen. Im Führen selbständiger Großverbände war er, ohne alle Erfahrung in diesem Metier, anfangs nicht so erfolgreich wie später, als er einen idealen Stab jüngerer Generalstabsoffiziere um sich hatte, die auf ihn eingespielt waren und die Stabsarbeit organisierten. Über den besonderen Charakter der Festung Tobruk, vor der er 1941 scheiterte, hatte ihn niemand informiert, die italienischen Bundesgenossen nicht, die sie gebaut hatten, aber auch nicht der Deutsche General in Rom, Generalmajor von Rintelen, mit dem Rommel eng zusammenarbeitete und der vor dem Krieg, wie seine Memoiren ausweisen, in Tobruk gewesen war. In der Nachschubfrage, an der Rommel letztlich gescheitert ist, verließ er sich zu sehr auf die Beutekriegführung, in der er Meister war und ohne die der zweijährige Krieg in Nordafrika überhaupt nicht möglich gewesen wäre.

Darin, daß Rommel Hitler vor dem Krieg falsch einschätzte, stand er bekanntlich nicht allein. Der undurchsichtigen Persönlichkeit Hitlers sind auch politisch erfahrenere Menschen als Rommel erlegen. Rommel war ein unpolitischer Soldat mit konservativ-nationaler Grundeinstellung wie die meisten seiner Kameraden. Daß das kleine Berufsheer ohne moderne Waffen, das der Versailler Vertrag der Reichswehr zugestanden hatte, für eine Verteidigung des Reiches nicht genügte, war jedem militärischen Fachmann klar. So war es kein Wunder, daß Hitlers Aufrüstung, zunächst ganz unabhängig von politischen Gesichtspunkten, die Zustimmung der Soldaten fand. Der Zufall führte Rommel 1936 in Hitlers Nähe; hieraus ergab sich ein persönliches Verhältnis, das allerdings militärische Grenzen nicht überschritt. Der

Versuch, Rommel als Verbindungsoffizier zur Reichsjugendführung in politische Aufgaben einzubinden, scheiterte an Rommels strikt militärischem Denken.
Zweifellos war Rommel ein ehrgeiziger Mann, und er nutzte die Möglichkeiten, die sich ihm als Führer des Wehrmacht-Begleitkommandos Hitlers im Polenfeldzug boten. Taktisch und technisch interessiert, wie er war, reizte ihn das Kommando einer Panzerdivision, und Hitler gewährte ihm die Bitte entgegen dem Einspruch des Heerespersonalamtes, das Rommel allenfalls eine Gebirgsdivision – denn er war von Hause aus ja Gebirgsjäger – zubilligen wollte. Die persönliche Beziehung Rommels zu Hitler war natürlich ein Ärgernis für die deutschen und italienischen Generale und Admirale, die mit dem Mittelmeerraum zu tun hatten. Es darf dabei aber nicht übersehen werden, daß Rommel, der ja taktisch dem italienischen Oberkommando in Nordafrika und damit Mussolini unterstand, keineswegs etwas Unrechtes tat, wenn er sich oft an Hitler wandte: In Hitlers Weisung (Nr. 22 e) vom 5. 2.1941 steht der meist übersehene Satz, daß Rommel in den Fällen, in denen ihm ein Auftrag gegeben würde, der nach seiner Überzeugung zu einem »schweren Mißerfolg« und damit zur Schädigung des deutschen Ansehens führen mußte, »das Recht *und die Pflicht*« hatte, Hitlers »Entscheidung einzuholen«. Im Bewegungskrieg in der Wüste und angesichts der oft unklaren italienischen Befehlsgebung waren die genannten Voraussetzungen fast immer erfüllt.
Daß die Offensive zunächst weniger Kräfte erfordert als die Defensive, ist leider nicht zu bestreiten. Durch wendige Führung und moderne Schwerpunktwaffen – Panzertruppen und Fliegerkräfte – ließ sich die Schwäche an Masse zumindest vorübergehend ausgleichen. Rommel hat allerdings immer auf eine entscheidende Verstärkung seiner deutschen Truppen gedrungen – daß dies von Anfang an eine Illusion war, weil Hitler zu Beginn des Afrikafeldzuges 1941 bereits fest zum Krieg gegen die Sowjetunion entschlossen war, konnte er nicht wissen. Hitler ließ ihn ebenso wie Mussolini bewußt im unklaren, und auch Halder, der Rommel in der Folgezeit bis zur Intrige bekämpfte, wagte es nicht, ihm wenigstens einen versteckten Hinweis zu geben.
Für Hitler war und blieb Afrika immer ein Nebenkriegsschauplatz. Der Mittelmeerraum gehörte nach seiner Auffassung in den italienischen Machtbereich, so wie West-, Mittel- und Osteuropa in den deutschen. Deutsche und Italiener sollten in den jeweils anderen Bereichen nur unterstützend mitwirken. Diese Einschätzung Hitlers muß Rommel klar geworden sein, als im Juni 1941 der deutsche Einmarsch in die Sowjetunion begonnen hatte. Dennoch hoffte er auch 1942 noch auf ein weiteres deutsches motorisiertes Korps, weil er meinte, für den Stoß in das Nildelta, der die Entscheidung des Afrikakrieges bringen werde, sei jedes Mittel einzusetzen. Daß das angespannte Kräfteverhältnis an der Ostfront den Abzug hochqualifizierter

Truppen, wie sie für Afrika benötigt wurden, nicht mehr zuließ, konnte er angesichts der praktizierten Geheimhaltung auch gegenüber hohen Truppenführern nicht einschätzen.
Der Afrikakrieg war nicht Rommels Werk, sondern entsprang dem Auftrag, den er von Hitler und dem Oberbefehlshaber des Heeres erhielt. Seine Ansicht, diesen Auftrag – den Schutz Libyens – nur offensiv mit modernen Panzerkräften lösen zu können und nicht defensiv durch eine infanteristische Ringverteidigung um Tripolis, wie es die Italiener beabsichtigten, war ohne Zweifel richtig. Der Nachteil dieses Verfahrens, und insofern hatte Halder recht, war jedoch die unkalkulierbare Ausweitung des Wüstenkrieges, aus der sich Folgerungen für Logistik, Luft- und Seeunterstützung sowie Folgeunternehmen – die Wegnahme Maltas, des entscheidenden Hindernisses für den Seenachschub – ergaben. Ein Risiko war auch, daß Erfolge neue Wünsche weckten – den Stoß ins Nildelta und schließlich die sogenannte »Kaukasuszange«, den Plan Hitlers, nach dem, wie er glaubte, schnellen Sieg über die Sowjetunion vom Kaukasus nach Süden und vom Nildelta aus nach Norden in den Vorderen Orient vorzustoßen, um die britische Nahostposition aus den Angeln zu heben und Indien zu bedrohen.
Rommel war ein Kind seiner Zeit, und seine Urteile und Illusionen müssen aus den Umständen heraus gesehen werden, unter denen er lebte. Zwei lange Jahre lang führte er, nur von wenigen Europaaufenthalten unterbrochen, seine Truppen im mörderischen Klima der nordafrikanischen Wüste. Unablässige Märsche und Kämpfe, der Zwang zum Handeln ins Ungewisse hinein, dazu häufige Auseinandersetzungen mit italienischen Vorgesetzten und deutschen Besserwissern, schließlich auch der Zwang zur Selbstdarstellung, dem jeder hohe Truppenführer unterliegt, wirkten auf sein Denken ein.
Hitlers Haltebefehl vom 4. November 1942, der Rommels Panzerarmee, die vor der Vernichtung stand, den Rückzug verbot, war dann der Schock, der Rommels Abwendung von Hitler einleitete. Daß die Armee sich dennoch, mit Hitlers mißmutiger Genehmigung, mit erstaunlich starken Resten aus Ägypten und Libyen zurückziehen konnte, hat Hitler Rommel nicht gedankt. Vielmehr hielt er, den offensichtlichen Tatsachen zum Trotz, den Rückzug für einen schweren Fehler und ein Zeichen von Schwäche. Er zog Rommel für einige Zeit ins Führerhauptquartier, um ihm neuen Glauben einzuimpfen. Dort hielt er ihn jedoch auf Distanz; das Mißtrauen, mit dem Hitler fast alle seine Generale überzog, traf nun auch Rommel.

III.

Trotz aller Kritik ist Rommels Popularität auch heute noch ungebrochen. Er ist heute der im In- und Ausland bekannteste deutsche General des Zweiten Weltkrieges, unter jungen Leuten wohl der einzige deutsche General aus beiden Weltkriegen, dessen Name noch bewußt ist. Rommels glanzvoller Aufstieg und sein bitterer Fall erregen auch noch fünfzig Jahre nach seinem

Tod ungewöhnliches Interesse. Das halbe Jahr, in dem er an der Spitze des Deutschen Afrikakorps stand, ist der Ursprung seines Ruhms. Aber auch in der folgenden afrikanischen Zeit galt diesem Großverband, den er geschaffen und mit seinem Geist erfüllt hatte, seine besondere Anteilnahme. Er war und blieb die »Speerspitze« der deutsch-italienischen Panzerarmee. So ist es verständlich, daß Rommel das Schicksal dieses Verbandes in einer repräsentativen Publikation dokumentiert sehen wollte. Dieser Absicht verdankt das ursprünglich auf zwei Bände geplante Werk seine Entstehung, das hier in einem Neudruck vorgelegt wird.

Rommel war – wie schon erwähnt – mathematisch und technisch sehr interessiert. Panzer, Panzerfunk, die Minenwaffe, die in Nordafrika große Bedeutung erlangte, und die moderne Fliegerwaffe erregten seine Phantasie. Weit mehr als andere Generale interessierte er sich auch für die damals modernen Medien, und er nutzte sie bereitwillig in allen ihren Formen – Fotografie, Rundfunk und Film, aber auch Zeitung, Zeitschrift und Buch. Rommel war selbst ein begeisterter Fotograf, ein erfahrener Erzähler und, nicht zuletzt, ein begabter Zeichner. Als Taktiklehrer an der Infanterieschule in Dresden (1929 – 33) verstand er es, seine Kriegserlebnisse bei der württembergischen Gebirgstruppe 1915 – 18 so lebendig vorzutragen und mit Skizzen zu illustrieren, daß aus den Vortragsunterlagen das Erfolgsbuch »Infanterie greift an« entstehen konnte. Es erreichte bis 1938, innerhalb eines Jahres nach seinem Erscheinen, bereits fünf Auflagen und im Krieg, als sein Autor berühmt geworden war, noch viele weitere.

Hier wie auch in seinen 1943 – 44 verfaßten unvollendeten Memoiren aus dem Zweiten Weltkrieg (»Krieg ohne Haß«, 1950) zeigte sich außerdem sein ungewöhnliches didaktisches Talent. Er vermochte es, aus dem Kriegserlebnis allgemeine – im ersten Buch taktische, im zweiten operative – Folgerungen zu ziehen, die er in eingängiger Form als freie Regeln im Sinne Clausewitz' formulierte – also als Regeln, die nur als Anhalt für das eigene Urteil dienen sollten und nicht sklavisch einzuhalten waren.

Mit dem von ihm veranlaßten Erinnerungsband »Marsch und Kampf des Deutschen Afrikakorps« verfolgte Rommel ein bescheideneres Ziel. Nicht die Lehre, die man aus dem Kampfgeschehen ziehen konnte, sollte im Mittelpunkt stehen, sondern die Erinnerung an die afrikanische Operation. Jeder Angehörige des Afrikakorps oder seine Hinterbliebenen sollten ein Exemplar des Werkes erhalten. Daraus ergab sich der eher volkstümliche Charakter des Werkes: lockere Textfolge statt strenger Schlachtenschilderung. Berücksichtigung der Landschaft, in der die Kämpfe stattfanden, und, das ist das Ungewöhnliche an diesem Werk, Verzicht auf Dokumentarfotos zugunsten von Zeichnungen.

Es stellt sich die Frage, warum man das in der Kriegsberichterstattung längst übliche Foto durch die Zeichnung ersetzte. Die einfachste Antwort ist die, daß sich ein Zeichner anbot und man einmal einen anderen Weg als den üblichen beschreiten wollte. Andererseits muß man aber auch nach dem propagandistischen Ziel dieser Publikation fragen – denn ein solches Ziel mußte gegeben sein, damit die Publikation genehmigt wurde. Die Propagandakompanien (PK) unterlagen dem Einfluß des Propagandaministeriums und der Militärzensur, und es ist recht interessant, gerade am Beispiel der vorliegenden Publikation, die offene politische Propaganda weitgehend vermeidet, die Wirkung von Zensur und Propaganda zu überprüfen. Im vorliegenden Fall war übrigens auch noch die italienische Zensur beteiligt, denn die Originalausgabe war auch für italienische Soldaten bestimmt und druckte auf jeder Seite den deutschen Text oben, den italienischen unten. (Unser Neudruck bietet nur den deutschen Text, nennt aber wie im Original Namen in der italienischen Form.) Rommel selbst hatte übrigens viel Sinn für Propaganda – heute würde man sagen: für zweckgeleitete Publicity. Er kannte, anders als seine altpreußisch geprägten Generalskameraden, bereits die moderne Werberegel: »Tue Gutes und rede darüber«, ein Satz, der damals schon bei den Westalliierten Gemeingut war und der heute bei allen Armeen verbreitet ist. Bekanntlich beschäftigte Rommel aus diesem Grund, aber auch, um sich politische Rückendeckung zu sichern, mehrfach hohe Beamte aus dem Propagandaministerium in seinem Stab als Reserveoffiziere – denen er allerdings militärisch nichts ersparte.

Betrachtet man die Zeichnungen dieses Bandes näher, dann ergibt sich im Licht unserer Fragestellung ein widersprüchliches Bild. Kriegszeichnungen können einerseits die Schrecklichkeit des Krieges ästhetisch mildern, andererseits aber, ganz im Gegensatz dazu, den Eindruck der Realität verstärken, denn bestimmte Kampfsituationen, die man naturgemäß nicht fotografieren kann, lassen sich sehr wohl hinterher zeichnerisch rekonstruieren und durch entsprechende künstlerische Mittel im Eindruck verstärken. Durch die Kolorierung oder gar die Ausgestaltung zum Schlachtengemälde konnte man diesen Effekt noch weiter vergrößern. Die Schrecken des Krieges lassen sich, wie man in jedem Museum bemerken kann, durch Gemälde noch grausamer darstellen als durch Fotografien. Allerdings empfindet man dies heute nicht mehr so stark, weil sich unsere Sehgewohnheiten geändert haben. Früher war das anders, möglicherweise noch im Zweiten Weltkrieg.

Ästhetisierung, Idealisierung, Heroisierung sind also die Gefahren der zeichnerischen Darstellung, während der Verlust der Authentizität zumindest nach früherem Verständnis durch die größere Wahrhaftigkeit der künstlerischen Empfindung ausgeglichen werden kann. Das Foto, sofern es im Kampf aufgenommen worden ist, besitzt größere Authentizität, die uns heute als Wahrheit gilt. Daß freilich auch die Fotografie manipulierbar ist und zur Ästhetisierung, Idealisierung und Heroisierung eingesetzt werden kann, wissen wir heute alle; gerade die hochentwickelte Propagandafotografie des Dritten Reiches und die – technisch oft vorzüglichen – Kriegsaufnahmen der Propagandakompanien liefern dafür hervorragende Beispiele.

Daß eine Ästhetisierung des Krieges das Hauptziel unseres Zeichners gewesen sei, wird man angesichts seines »fotografischen Stils« wohl bezweifeln müssen. Oftmals hat man den Eindruck, daß er nach fotografischen Vorlagen arbeitete oder sich zumindest bemühte, zeichnerisch den Eindruck von Fotos zu vermitteln. Die Weigerung, sich von der fotografischen Realität weiter zu entfernen, lag in der Linie der damals geförderten Kunst; sie erleichterte es auch den Soldaten, sich mit diesem Zeichenstil anzufreunden. Daß der Zeichner Kurt Caesar auch anders konnte, zeigen außer einigen Großzeichnungen vor allem seine eingestreuten kleinen Vignetten, die das Leben in der Wüste stimmungsvoll einfangen. Seine Zeichnungen verleihen dem vorliegenden Band seinen eigenen Charakter. Er erinnert noch einmal an die lange Tradition der Kriegszeichner und Schlachtenmaler, auf die man heute gerne herabsieht, die es aber bis zum Zweiten Weltkrieg in der deutschen wie in allen Armeen gab – und die es auch im heutigen fotografischen Zeitalter zum Beispiel noch in den amerikanischen Streitkräften gibt.

IV.

Die Originalausgabe des vorliegenden Werkes erschien 1943 in München, Herausgeber war das Generalkommando des Deutschen Afrikakorps. Als Kommandierender General tritt in der Widmung noch General der Panzertruppe Nehring auf, der das DAK seit Ende Februar 1942, zuerst vertretungsweise, geführt hatte und Ende August vor El Alamein verwundet wurde. Als direkter Nachfolger Rommels war seit 1. September 1941 zunächst General der Panzertruppe Crüwell Kommandierender General des Korps gewesen. Rommel unterschreibt sein Vorwort als Befehlshaber der Panzergruppe Afrika: In dieser Zeit, zwischen Mitte August 1941 und Ende Januar 1942, muß also der größte Teil des Buches vorgelegen haben. Wenn diese Datierung stimmt, lag das Manuskript über ein Jahr bei der Zensur, bis es freigegeben wurde. Das Ergebnis ist dementsprechend. Beim Erscheinen des Bandes näherte sich der Kampf in Afrika bereits dem Ende, oder die Kapitulation von Tunis (Mai 1943) war schon erfolgt. Die in Widmung und Vorwort angegebenen Stellenbesetzungen waren damals bereits veraltet und wurden nicht auf den letzten Stand gebracht.

Chef des Generalstabes des DAK war seit Oktober 1941 Oberst i.G. Bayerlein. Ihm hatte Rommel, vermutlich noch als Kommandierender General, die Leitung des Publikationsunternehmens anvertraut. Bayerlein, der 1945 den Krieg als Generalleutnant und Korpsführer beendete, schrieb den militärischen Teil des Bands selbst; nach dem Krieg vervollständigte er dann auch Rommels »Krieg ohne Haß«. Den Abschnitt über den Nachschub für das Afrikakorps verfaßte der Leiter der Afrikatransporte in Rom, Oberstleutnant i. G. Graf von Klinckowstroem – er ist, das sei hier gleich vorweggenommen, der schwächste Teil des Bandes, denn das Thema war bei noch laufenden Operationen äußerst geheimhaltungsbedürftig. Da, wie noch zu sehen ist, negative Tatsachen nicht dargestellt werden durften, blieb Klinckowstroem nichts anderes übrig, als auf Gemeinplätze auszuweichen.

Die Zeichnungen und die kulturgeschichtlichen Texte, meist Geschichten der wichtigsten Städte in Libyen seit der Antike, stammen von dem Sonderführer (Z, d. h. im Leutnantsrang) Kurt Caesar. Caesar war PK-Mann, also Kriegsberichterstatter. Vordergründig hatten seine Stadtgeschichten die Aufgabe, den Leser und Afrikakämpfer an die denkwürdigen Orte in der Syrtenwüste und der Cyrenaika zu erinnern, um die oft hart gekämpft worden war und die, wie Derna und Bengasi in der schönen Cyrenaika, für den Panzerschützen in seinem heißen Fahrzeug und für den Infanteristen im staubigen Schützenloch zum Ziel ihrer Sehnsucht wurden. Tatsächlich aber verdecken die Ortsgeschichten die Tatsache, daß die militärische Darstellung Bayerleins genau dort abbricht, wo Rommels Vormarsch in die Krise gerät und schließlich scheitert: Beim verlustreichen und schließlich erfolglosen Kampf um die Festung Tobruk, der praktisch verschwiegen wird. Hier wird das Einwirken der Zensur spürbar; leider lassen sich Einzelheiten nicht mehr rekonstruieren.

So begabt Caesar als Zeichner war, als Autor konnte er trotz bemerkenswerter Zurückhaltung seine Aufgabe als PK-Mann nicht ganz verleugnen. Historisch gebildet und interessiert, mit der italienischen Sprache und Kultur vertraut – er übersetzte den deutschen Text ins Italienische – finden sich bei ihm doch Anklänge an nationalsozialistisches und faschistisches Gedankengut. Daß er die faschistische Kolonisation in Libyen mehr als nötig rühmt, ist angesichts von Zeit und Umständen vielleicht noch verständlich; die entsprechenden Stellen halten sich in Grenzen. Deutlicher wird er nur im Syrte-Kapitel, wo er bekennt, daß »wir als Kämpfer für den zukunftsfrohen Begriff einer Großraumpolitik um den Lebensraum Europas kämpfen« (S. 60). Zusammen mit dem propagandistischen Motto des Bandes: dem Bild eines gefallenen Engländers mit dem Hitler-Zitat vom 30. 1. 1941: »Wo wir England schlagen können, werden wir England schlagen« (S. 33; im Nachdruck weggelassen), ist damit der ideologischen Pflicht Genüge getan. Es sei jedoch nicht verschwiegen, daß es ein (unvollständiges, aber umfangreiches) Manuskript des geplanten zweiten Bandes über das Jahr 1942 gibt, für das Caesar allein als Autor zeichnet und das erst Anfang 1944 von der italienischen, nun bereits »republikanisch-faschistischen« Zensur freigegeben wurde. Dieses Manuskript enthält im zweiten Teil abstruse faschistische Propaganda, die den (in diesem Fall Erst-)Druck ausschließt.

V.

Der vorliegende Band ist ein Zeitdokument aus dem Zweiten Weltkrieg, keine wissenschaftliche Darstellung. Darstellungsart und Darstellungsstil sind zeitgebunden, der dargebotene Text unterlag der Zensur. Es handelt sich um einen Neu- (nicht Nach-) druck des Originals von 1943: Der deutsche Text und die Zeichnungen werden im Originalwortlaut und in der Originalreihenfolge abgedruckt. Der italienische Text entfällt, ebenso das einleitende Hitlerzitat (s. o.). Sonst wurden am Text keine inhaltlichen Veränderungen vorgenommen. Jedoch wurden offenkundige Druckfehler beseitigt, in einigen Fällen Klärungen bei Namen, Überschriften und Bildunterschriften herbeigeführt. Die Schreibung der Namen wurde nur in Ausnahmefällen verändert bzw. vereinheitlicht. Erläuternde Zusätze des Neudrucks stehen in [ ]. Die bisweilen ungewöhnliche Interpunktion wurde berichtigt.

Der kulturgeschichtliche Text Caesars referiert hauptsächlich Fakten, die hier nicht im einzelnen kommentiert werden können. Zum militärischen Teil Bayerleins jedoch seien einige Bemerkungen angeboten, die seine Darstellung aus heutiger Sicht ergänzen.

Fritz Bayerlein (1899 – 1970), geboren und gestorben in Würzburg, entstammte der bayerischen Armee wie Rommel der württembergischen. Beide waren Süddeutsche, und beide waren von Haus aus Infanteristen: diese Gemeinsamkeiten bildeten eine Grundlage ihres guten persönlichen und dienstlichen Verhältnisses. Eine andere war sicherlich die vorzügliche panzertaktische Schulung, die Bayerlein im Gegensatz zu Rommel genossen hatte und die Rommel neidlos anerkannte, verbunden mit großer Führungsenergie, die der seinen nahekam. Bayerlein war, anders als Rommel, Generalstäbler, und er war früh zu Guderians Panzertruppe gestoßen. 1917 als Fahnenjunker eingetreten, 1922 zum Leutnant befördert und 1932/35 zum Generalstabsoffizier ausgebildet, war Bayerlein im Truppengeneralstab der Panzertruppe rasch aufgestiegen: Seit April 1939 war er Ia der 10. Panzerdivision, die 1943 in Tunis kämpfen sollte, und im Frankreich- und in der ersten Phase des Rußlandfeldzuges (Februar 1940 – August 1941) rückte er als dessen Ia in die unmittelbare Nähe Guderians, beim XIX. Panzerkorps, dann bei der Panzergruppe Guderian und schließlich bei der 2. Panzerarmee.

Allerdings bewirkte die Herkunft aus der Umgebung Guderians nicht automatisch die Gunst Rommels. Dies mußte General Nehring erfahren, der auch aus Guderians »Stall« kam und als dessen Chef des Generalstabes im Polen- und Frankreichfeldzug Bayerleins unmittelbarer Vorgesetzter gewesen war. Nun, 1941/42 in Afrika, arbeiteten Nehring als Kommandierender General des Afrikakorps und Bayerlein als sein Generalstabschef wieder zusammen. Guderians Einfluß und Führungsstil, das wird von oberflächlichen Rommelkritikern immer wieder übersehen, lebte auch in Afrika. Wie sehr Rommel Guderian schätzte, zeigte sich übrigens darin, daß er ihn im Sommer 1942 vor Alamein als Krankheitsvertretung erbat. Hitler lehnte damals ab, denn Guderian war Ende Dezember 1941 in Ungnade gefallen. Statt dessen sollte Nehring die Armee vertretungsweise führen; dies wiederum lehnte Rommel ab, und er verschob seinen Krankheitsurlaub auf später.

So groß die Distanz Rommels zu dem komplizierten Westpreußen Nehring war, so sehr schätzte er den zupackenden Bayerlein, der im Dezember 1942, auf dem Rückzug von El Alamein, zum Chef des Generalstabes der Deutsch-Italienischen Panzerarmee, also zu Rommels engstem operativen Ratgeber nach dem Ausscheiden des Oberstleutnants i. G. Westphal aufstieg. Aus dem Kessel von Tunis rechtzeitig ausgeflogen, wurde Bayerlein dann noch Divisionskommandeur und befehligte 1944/45 den Eliteverband der deutschen Panzertruppe, die Panzerlehrdivision, die sich während der Invasions- und Rückzugskämpfe besonders auszeichnete. Als Führer des LIII. Armeekorps beendete er den Krieg.

Bayerleins Darstellung deutet an, daß der deutsche Afrikaeinsatz eine Vorgeschichte hatte. Es war zwar eine italienische Vorgeschichte, aber sie darf angesichts des bestehenden deutsch-italienischen Bündnisses (»Stahlpakt« vom 22. Mai 1939) und angesichts der Machtverhältnisse in Nordafrika nicht unterschätzt werden, wie es bei Kritikern des Afrikakrieges oft geschieht. Das italienische Überseeterritorium Libyen bildete im mittleren Mittelmeer die Gegenküste Italiens; zwischen der Kolonie und dem Mutterland lag die Doppelinsel Malta, Großbritanniens »unsinkbarer Flugzeugträger«. Libyen war von Französisch-Westafrika im Westen und dem formal selbständigen, aber britisch geschützten Ägypten im Osten eingeschlossen. Die Landverbindung zwischen Libyen und Italienisch-Ostafrika verlief über Ägypten und den anglo-ägyptisch verwalteten Sudan, die Seeverbindung zwischen den beiden italienischen Besitzungen war auf den britisch kontrollierten Suezkanal angewiesen.

Trat Italien in den Krieg mit Frankreich und England ein, war Libyen, das von Mussolini endgültig befriedet worden war und an dem ein großer Teil des faschistischen Ansehens hing, schwer gefährdet, denn Italien hatte nur wenig Truppen dort. Nach der Niederlage Frankreichs schwand zwar die Gefahr an der Westgrenze; aber mit dem italienischen Kriegseintritt, der Kriegserklärung an Großbritannien am 10. Juni 1940, wuchs sie an der Seegrenze (Malta) und im Osten. In der Tat begann Großbritannien schon am folgenden Tag mit Luftangriffen auf El Adem. Mussolini und der italienische Generalstab mußten an Gegenmaßnahmen denken, und diese waren, ungeachtet der italienischen Möglichkeiten, sogleich offensiv. Mussolini versteifte sich, weil er gegenüber seinem siegreichen Verbündeten Hitler einen spektakulären Erfolg brauchte, auf einen Stoß ins Niltal und zum Suezkanal, und er zwang Marschall Graziani im September 1940, sehr gegen dessen Willen, zur Offensive. Diese blieb aber schon nach fünf Tagen, am 18. September, bei Sidi Barrani liegen, und die britische Gegenoffensive, die am 9. Dezember begann, verwandelte mit den Panzern der Western Desert Force die italienische Infanterieoffensive in kurzer Zeit in ein Desaster.

Wie sollte sich Deutschland, angesichts dieser Gegebenheiten, verhalten? Hitler hatte zwar am 27. September 1940 unter Einschluß Japans den Dreimächtepakt schließen können; aber er war außenpolitisch isoliert, Großbritannien dachte nicht ans Einlenken, und die USA standen drohend im Hintergrund. Japan lag weit weg. Hitlers Entschluß, die Sowjetunion anzugreifen, stand fest; Italien war außer Finnland sein einziger wirklicher Verbündeter in Europa. Das nationalsozialistische und das faschistische Regime standen sich auch innerlich nahe. Hitler und Mussolini demonstrierten, auch wenn sie nicht immer offen miteinander umgingen, nach außen die Freundschaft verwandter »Führer« ihrer Völker.

Die deutschen Generalstäbe konnten sich der Notwendigkeit, Italiens Situation in Nordafrika aufmerksam zu beobachten, nicht entziehen. Im Rahmen der »Peripheriekriegführung« gegen England, das man im Mutterland nur schwer packen konnte, gewann ein gleichzeitiger Zugriff auf Gibraltar und den Suezkanal an Attraktivität. Den Italienern traute man einen erfolgreichen Stoß zum Nil nicht zu, und so bot man ihnen ein deutsches Panzerkorps als Unterstützung an. Mussolini lehnte aus Prestigegründen ab. Nach der Katastrophe in Ägypten aber änderte sich das Bild: Hitler mußte nun den Verlust Libyens und seine unabsehbaren politischen Folgen für Mussolini fürchten! Daher bot er einen deutschen »Sperrverband« in Brigadegröße zur Mithilfe bei der Verteidigung Libyens an. Am 19. Dezember bat Italien offiziell um Hilfe. Schon Anfang Januar, also vor dem Auftreten Rommels, teilte Hitler dem Sperrverband moderne Panzer für taktische Gegenangriffe zu, und daraus entstand Anfang Februar der Entschluß, dem Verband – der damit aufhörte, ein reiner »Sperrverband« zu sein – ein ganzes Panzerregiment zu geben und ihm später eine Panzerdivision nachfolgen zu lassen, wie es dann ja auch geschehen ist. Hitler machte den Einsatz deutscher Panzertruppen ausdrücklich davon abhängig, daß diese auch panzergerecht, d. h. offensiv eingesetzt würden.

Damit war neben der Möglichkeit einer großräumigen angriffsweisen Verteidigung auch die Voraussetzung dafür gegeben, daß man bei Gelegenheit wieder zur Gesamtoffensive übergehen konnte. Rommel hat von dieser Möglichkeit Gebrauch gemacht, wobei er auf die Unterstützung Hitlers – nicht aber die Halders – rechnen durfte. Der deutsche Afrikaeinsatz hatte den politischen Zweck, den wichtigsten deutschen Verbündeten an der Macht und auf der eigenen Seite im Krieg zu halten. Durch Rommels Agieren ist dieser Zweck zwei Jahre lang erfüllt worden. Nach dem Zusammenbruch des Afrikaunternehmens im Mai 1943 folgte am 10. Juli die alliierte Landung in Sizilien und am 25. Juli der Sturz Mussolinis.

Bayerleins Beitrag schildert besonders Rommels Offensive zur Wiedereroberung der Cyrenaika vom 31. März bis 8. April 1941. Sie wurde handstreichartig mit leichten »Vorausabteilungen« geführt, ein Rezept, das sich auch 1942 wieder bewähren sollte. Höhepunkte von Bayerleins Darstellung ist der Sturm auf das Fort Mechili, das den Ostausgang der Cyrenaika schützte, am 8. April. Hier bei Mechili sei der »Rommel-Mythos« eigentlich entstanden (S. 39). Rommel stieß sogleich nach Tobruk vor, eine ehemals italienische, vor dem Krieg mit versenkten Anlagen hochmodern ausgebaute Gürtel- und Seefestung, die von Australiern verteidigt wurde. Die Festung sperrte die »Via Balbia«, die Küstenstraße nach Ägypten; da diese die Hauptnachschubachse für eine große Ägyptenoffensive darstellte, mußte die Festung ausgeschaltet werden, bevor man den »Stoß nach Suez« ins Auge fassen konnte. Vorsorglich trieb Rommel Vorausabteilungen bis zur ägyptischen Grenze und darüber hinaus vor; am 13. August war das ägyptische Sollum erreicht.

Rommel schloß Tobruk von allen Seiten ein und versuchte in mehreren Anläufen, die Festung von Südwesten her zu nehmen. Die harten und verlustreichen Kämpfe um Tobruk werden in Bayerleins Darstellung nur kurz angedeutet; ihre Schilderung wird – wie erwähnt – vermieden. Rommels Versuche, die Festung im Handstreich zu nehmen, scheiterten am 11., 14. und 16. – 18. April; die eigenen Verluste, vor allem des MG-Bataillons 8, waren schwer, es kam zu Zerwürfnissen Rommels mit unterstellten Kommandeuren, die sich beim Oberbefehlshaber des Heeres beschwerten. Rommel konnte nicht umhin, die Angriffe zunächst einzustellen und sich auf eine planmäßige Belagerung einzurichten. Hierzu waren Spezialwaffen, vor allem Pioniere und schwere Artillerie, erforderlich, die Stellungen mußten ausgebaut, die Festung, für die Rommel nicht einmal Pläne besaß, gründlich erkundet werden.

Halder sah nun die Gelegenheit gekommen, den ungeliebten Wüstengeneral zu zügeln. Er schickte seinen Stellvertreter, den späteren Feldmarschall Paulus, zu Rommel, der dessen »halbplanmäßigen« (d. h. nur mit in Afrika vorhandenen Mitteln geführten) Angriff vom 30. April beobachtete und am folgenden Tag dessen Einstellung befahl. Halder regte anschließend die Bildung einer deutschen Kommandostelle an, die Rommel übergeordnet werden sollte. Generalmajor Gause wurde als »Deutscher Verbindungsoffizier beim Italienischen Oberkommando in Nordafrika« mit Oberstleutnant i. G. Westphal als Ia, Major i. G. v. Mellenthin als Ic in Marsch gesetzt – es war das Team, mit dem Rommel dann bis zum Sommer 1942 seine Schlachten geschlagen hat. Denn Rommel gelang es, indem er sich mit den Italienern, die auch keine neue Einflußnahme Halders wollten, und mit Gause absprach, sich dessen Stab als Generalstab einer neuen »Panzergruppe Afrika« unterstellen zu lassen. Gause wurde Chef des Generalstabes, Halder hatte eine vollständige Niederlage erlitten. Bald darauf ging die Verantwortung für den afrikanischen Kriegsschauplatz vom Oberkommando des Heeres, das mit der Führung des Rußlandkrieges ausgelastet war, auf das Oberkommando der Wehrmacht über.

Vor Tobruk hatten die Australier vom 2. bis 4. Mai Gegenangriffe unternommen, die zwar abgewiesen wurden, aber 1 000 Mann Verluste forderten. Die Kämpfe vor der Festung entwickelten sich zum kräftezehrenden Stellungskrieg, der sich nun auf die Behauptung des Gewonnenen und auf den Ausbau der Stellungen beschränkte. Am 26. Oktober gab Rommel den Befehl zum Großangriff auf Tobruk heraus; die Festung sollte nun von Südosten her genommen werden, wo das Gelände auch den Einsatz von Panzern erlaubte. Im Juni 1942 gelang auf diese Weise der Sturmangriff; 1941 jedoch wurde er durch die britische Gegenoffensive unter General Wavell unmöglich gemacht.

Seit Mai 1941 also befand sich Rommel in Nordafrika in der Defensive. Wichtig war die Absicherung der schwierigen Lage der Panzergruppe und die Kontrolle der Enge bei Sollum, um britische Entlastungsvorstöße nach Tobruk rechtzeitig aufzufangen. Am 27. April nahm die Gruppe Herff den wichtigen Halfaya-Paß, der in der Folgezeit heftig umkämpft war und von einer deutsch-italienischen Kampfgruppe bis zum 17. Januar 1942 – vier Tage darauf begann Rommels neue Offensive aus der Marsa el Brega-Stellung – gehalten wurde. Hauptmann d. R. Bach, im Zivilberuf Pfarrer in Mannheim, zeichnete sich am Halfaya-Paß besonders aus; seine stolze Anmerkung zu seinem Autogramm im vorliegenden Band: »Träger des Ritterkreuzes als erster deutscher Pfarrer« (S. 143), hat heute etwas Rührendes. Bach starb in der Kriegsgefangenschaft.

In der Folgezeit unternahmen die Briten mehrere Entlastungsoffensiven auf Tobruk, die mit Mühe abgewehrt werden konnte (Unternehmen »Brevity« im Mai, Unternehmen »Battleaxe« im Juni 1941). Nun kam es zu den berühmten Panzerschlachten in der Marmarika, der Küstenwüste zwischen der Cyrenaika und Ägypten. Sie bestimmen das Bild des Afrikakrieges bis heute, obwohl sie eigentlich nur die Ausnahmen von der Regel waren; ihr wechselhafter Verlauf kann hier nicht nachgezeichnet werden. Auch die große britische Gegenoffensive vom 19. November, das Unternehmen »Crusader«, war zunächst eine Entlastungsoffensive für Tobruk. Nach einigen deutschen Abwehrerfolgen, von denen die »Schlacht am Totensonntag« (23. November) am bekanntesten geworden ist, und Rommels Verzweiflungsvorstoß zum »Draht«, der libysch-ägyptischen Grenze, am 24./26. November, mit dem Rommel noch einmal in einer kühnen Operation das Blatt wenden sollte, neigte sich die Waagschale auf die Seite der Briten. Die wachsende Übermacht der britischen 8. Armee und die ernste Versorgungskrise der Panzergruppe Afrika führte schließlich am 6. Dezember zu Rommels Entschluß, die Cyrenaika aufzugeben und sich in die Ausgangsstellung bei Marsa el Brega, wo er seiner Nachschubbasis näher war, zurückzuziehen.

Bis zum 12. Januar 1942 waren die letzten Truppen der Panzergruppe, die den Rückzug mit Ausnahme der italienischen Fußinfanterie erstaunlich gut überstanden hatten, in dieser Stellung angelangt. Nur neun Tage später brach Rommel zum Entsetzen des Gegners und seiner Vorgesetzten erneut zu einer Großoffensive auf, die ihn bis zur Enge von El Alamein führen sollte. Wieder wurde Rommel zu einem gewaltigen Stellungskrieg gezwungen; am 4. November 1942 gelang der britischen 8. Armee unter General Montgomery der entscheidende Durchbruch, den auch Hitlers fanatischer Haltebefehl nicht aufhalten konnte.

VI.

In Tunesien gelang Rommel Mitte Februar 1943 bei Kasserine noch einmal eine bedrohliche Offensive gegen die Amerikaner, die aber auch nicht mehr zum Erfolg führte. Die Zeit des Siegens war vorbei; Rommel wurde noch kurz Oberbefehlshaber der Heeresgruppe Afrika, bevor man ihn Anfang März aus dem Brückenkopf Tunesien ausflog. Am 6. Juni 1944 schließlich war er in Frankreich Oberbefehlshaber der deutschen Heeresgruppe B, gegen die sich die alliierte Invasion direkt wandte. Am 17. Juli wurde er durch einen Tieffliegerangriff schwer verwundet; drei Tage darauf zündete Graf Stauffenberg seine Bombe im Führerhauptquartier. Daß Rommel für eine politische Beendigung des Krieges, der militärisch nicht mehr zu gewinnen war, eintrat, wußte Hitler; Rommel hatte es ihm mehrmals zu begründen versucht, war aber schroff zurückgewiesen worden. Nun wurde in den Verhören der Verschwörer Rommels Name genannt. Am 14. Oktober 1944 erschienen in seinem Haus in Herrlingen bei Ulm der Chef des Heerespersonalamtes und sein Stellvertreter. Sie stellten den Feldmarschall vor die Wahl zwischen Selbstmord und Überstellung an den Volksgerichtshof. Rommel nahm das Gift, das die beiden Generale vorsorglich mitgebracht hatten. So folgte er seinem Afrikakorps, das vor eineinhalb Jahren in Tunis untergegangen war.

Reinhard Stumpf

Literatur (Auswahl)

David Irving, Rommel. Eine Biographie, Hamburg 1978

Ronald Lewin, Rommel, 2. Aufl. Stuttgart, Berlin, Köln, Mainz 1970

Kenneth Macksey, Rommel. Schlachten und Feldzüge, Stuttgart 1982

I.S.O. Playfair, The Mediterranean and Middle East, Bd. 3 u. 4, London 1960 – 66 (History of the Second World War. United Kingdom Military Series)

Erwin Rommel, Krieg ohne Haß, hg. v. Lucie-Maria Rommel u. Fritz Bayerlein, 3. Aufl. Heidenheim/Brenz 1956

Bernd Stegemann, Die deutsch-italienische Kriegführung im Mittelmeer und in Afrika, in: Das Deutsche Reich und der Zweite Weltkrieg, hg. vom Militärgeschichtlichen Forschungsamt, Bd. 3, Stuttgart 1984, S. 591 – 682

Reinhard Stumpf, Der Krieg im Mittelmeerraum 1942/43: Die Operation in Nordafrika und im mittleren Mittelmeer, ebd., Bd. 6, Stuttgart 1990, S. 569 – 757

Ders., Die deutsch-italienischen Operationen in Nordafrika 1941 – 1942 (voraussichtlich München 1995)

Ders., Erwin Rommel und der Widerstand, in: Militärgeschichte 3 (1991), H. 3, S. 45 – 50; auch in: Militärgeschichtliche Beiträge 5 (1991), S. 48 – 53

Vorwort.

Das vorliegende Buch wird jedem Afrikakämpfer ein wertvolles Erinnerungsstück sein für die Zeit seines Einsatzes auf afrikanischem Boden. Nach schweren Kämpfen u. unter oft recht ungewohnten Bedingungen ist es den deutschen u. italienischen Truppen gelungen, dem Feind harte Schläge zu versetzen. Auch in Zukunft werden die Truppen der Verbündeten in Nordafrika alles daransetzen, um ihren Anteil zum Endsieg der Achse beizutragen.

Rommel

General der Panzertruppe
und Befehlshaber der
Panzergruppe Afrika

Generalfeldmarschall
Rommel

Generalleutnant
Crüwell

Oberst i. G. Bayerlein
Chef des General-Stabes des D.A.K.

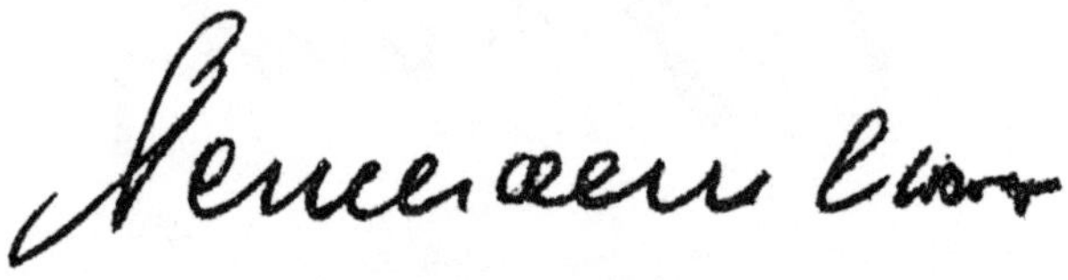

Generalmajor
Neumann-Silkow
gefallen 1941

Generalmajor
von Ravenstein

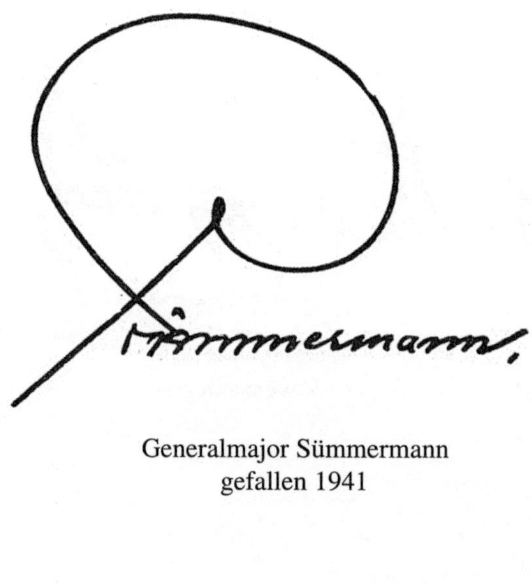

Generalmajor Sümmermann
gefallen 1941

Gefallener Engländer
in der Wüste

Karte des westlichen Mittelmeerraumes

Der westliche Mittelmeerraum

Hier schlug die Luftwaffe den Nachschub des Feindes und begann die Zusammenarbeit mit den Einheiten des D. A. K., das hier auf afrikanischer Erde eine bislang unbestrittene Vormachtstellung des Gegners im Mittelmeerraum ins Wanken bringen wollte.

Kartendarstellung des östlichen Mittelmeerraums

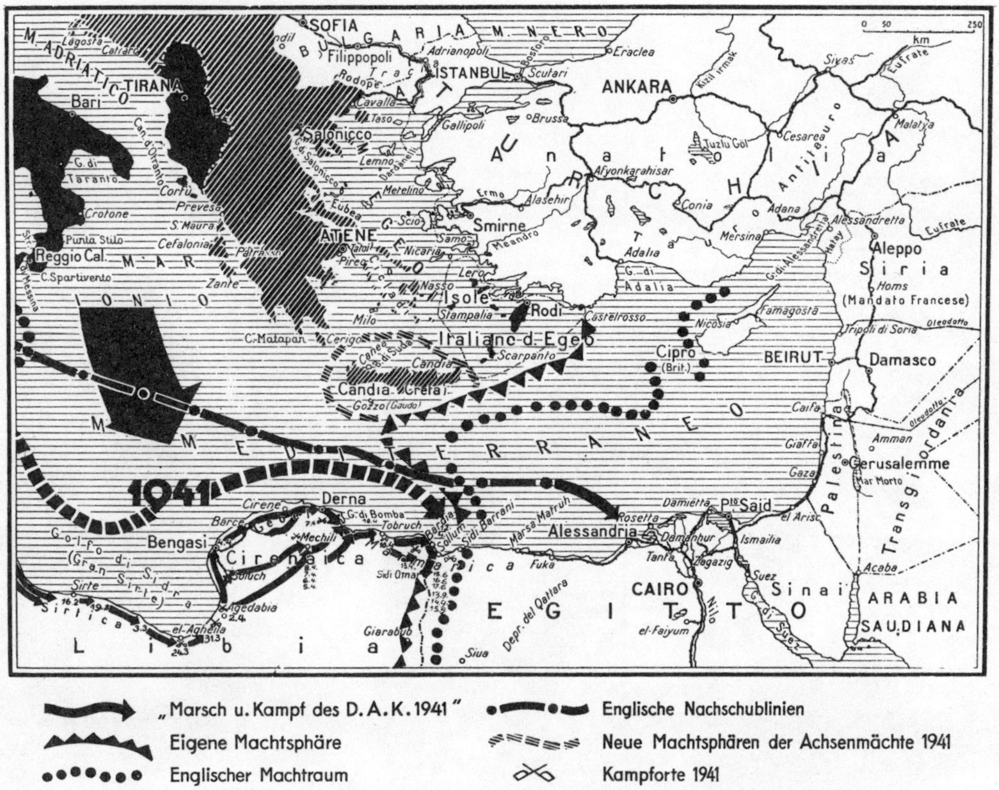

Der östliche Mittelmeerraum

Auf den Karten (Seite 34 und 35) sind nur jene Namen verzeichnet, die in den Wehrmachtsberichten genannt wurden. Die graphische Darstellung entspricht also nicht der friedensmäßigen Bedeutung des einen oder anderen Ortes.

Italienische Panzer im Hafen
von Tripolis

Sidi el Barani 1940

Unter Entfaltung außerordentlicher Mittel entfesselten die Engländer am 9. Dezember 1940 ihre große Offensive gegen Sidi el-Barani, in der Hoffnung, die gesamte italienisch-nordafrikanische Küste in ihren Besitz zu bringen.

Italien verlor die Cyrenaika. Aber schon die ersten Tage des Februar 1941 brachten eine große Überraschung: die Engländer stoppten ihre Offensive in der Agedabiagegend. Die ungeheuere Verlängerung der Nachschubwege von über 1000 km zwang sie, eine Atempause einzulegen, um den weiteren Vorstoß bis nach Tripolis zu organisieren.

In der feindlichen Welt wurde dieser unbestreitbare Anfangserfolg propagandistisch weitgehend ausgenutzt. Die Welt hielt den Atem an.

Das Afrikakorps (D. A. K.)

In den damals so kritischen Tagen landeten die ersten Einheiten des Deutschen Afrikakorps in Tripolis. Hinter den Kulissen der Öffentlichkeit und des Weltgeschehens hatte ein zäher und verbissener Kampf um den Nachschub begonnen. Welcher von den beiden Gegnern wird der erste sein, der zum großen Schlage ausholt?

Die Führung des D. A. K. wurde einem jungen General anvertraut, der früher taktischer Unterweiser an einer bekannten deutschen Kriegsschule war. Im Westfeldzug hatte er sich als Führer einer Panzerdivision (die »Gespensterdivision«) hervorragend bewährt: Generalleutnant Rommel.

Es ist inzwischen Ende Februar geworden, als die ersten Einheiten des D. A. K. nach Osten zur Front rollen. Das war an sich ganz gegen das ursprüngliche Programm, das eine Vereinigung des gesamten Afrikakorps auf libyschem Boden für Anfang Mai vorsah. Man dachte damals an eine Widerstandslinie in Agedabia, nach deren Konsolidierung jeder weitere englische Vormarsch unmöglich werden sollte.

Aber es kam ganz anders, wie immer hier auf nordafrikanischem Boden, der mit der Zeit – eben wegen seiner Überraschungen – zu einem der interessantesten Kriegsschauplätze des zweiten Weltkrieges wurde. Gerade weil hier rein rechnerische Voraussicht immer wieder durch plötzlich auftauchende Faktoren über den Haufen geworfen wird, ist Nordafrika so eigentlich der Boden, der einem schöpferischen Truppenführer viele Möglichkeiten der Entwicklung und Entfaltung gibt. Die englischen Generale sind glänzende Rechner, hatten damals aber das Pech, einem General wie Rommel gegenüberzustehen.

Am 24. März stießen deutsche motorisierte Einheiten zum ersten Male auf die Engländer, die in kurzer Zeit über El-Agheila zurückgeworfen wurden. Über den geringen englischen Widerstand beeindruckt, beschloß General Rommel, den schwachen Moment des Gegners auszunutzen und stieß im Angriff sofort nach.

Zwei Tage später griff, zum ersten Male unter der mörderischen afrikanischen Sonne, deutsche Infanterie an und überrannte die feindlichen Stellungen. Die Welt erfuhr von diesen Taten durch die Nachricht der Übergabe von Marsa el-Brega. Dann klaffte plötzlich eine Lücke zwischen den Gegnern: die Engländer hatten sich von uns gelöst.

Der 2. April 1941 war wieder ein historischer Tag. Zum ersten Male stießen deutsche Panzer in der Wüste auf englische Kampfwagen. Der aufs härteste geführte Kampf endete mit der Vernichtung der dort eingesetzten englischen Panzerkräfte. Damit war Agedabia freigelegt, das von deutscher Infanterie erobert, gesäubert und besetzt wurde. Damit war etwas Ungeheueres geschehen: deutschen Vorhuten war es gelungen, die Engländer in die Cyrenaika zurückzuwerfen.

Jetzt überschlugen sich beinahe die Ereignisse. Am 4. April 1941 erreichte eine motorisierte Kolonne Bengasi, während drei weitere deutsch-italienische Kolonnen den Weg in die Wüste nahmen mit dem bestimmten Befehl durchzustoßen und die Küstenstraße zwischen Derna und Tobruk zu erreichen.

Der Zweck dieser Begegnung war, dem über die Cyrenaika zurückflutenden Feind die Rückzugsstraße abzuschneiden, ihn zu stellen und zum Kampf zu zwingen.

Die Überwindung der Wüste

Der Marsch durch die Wüste war in jeder Hinsicht eine ungeheuere Leistung. Man bedenke, daß damals General Rommel ohne besondere Vorbereitung und mit beschränkten Kräften auskommen mußte. Es war eine Tat, die vor ihm in der Wüste noch kein Mann versucht hatte. Als er mit seinen Truppen Agedabia verließ, herrschte gerade jener berüchtigte Ghibli, jener Sandsturm, vor dem selbst die eingeborenen Wüstenstämme in die Knie sinken. Der tobende Sandsturm verhinderte selbst die Orientierung nach den wenigen Anhaltspunkten, die die Karten da und dort als Kennzeichen gaben. Eines der größten Wagnisse der kolonialen Militärgeschichte hatte seinen Anfang genommen.

Und während so deutsche Kolonnen unter übermenschlichen Anstrengungen sich ihren Weg durch die tobende Wüste bahnten, sprach selbstsicher der englische General Parry-Gambia am Mikrophon der B.B.C.:

»... Die deutschen Truppen, die uns gegenüberstehen, sind noch weniger wert als sie es 1914/18 waren. Sie sind lange nicht das, für was sie sich selbst bezeichnen – so eine Art Übersoldaten. Hier, uns Engländern gegenübergestellt, sind sie noch weit weniger wert, denn sie können hier sich nicht auf eine koloniale Erfahrung oder Tradition stützen ...«

Währenddessen wälzt sich inmitten des grausam tobenden Sandsturmes die deutsche Kolonne vorwärts. Keiner weiß mehr richtig, wohin sein Weg führt. Die einzelnen Abteilungen drohen auseinanderzufallen; da springt wieder General Rommel ein. Trotz widrigster Umstände setzt sich der General in seinen Fieseler-Storch, sucht und findet jede einzelne Kolonne und dirigiert sie durch die Einsamkeit sicher ihrem Bestimmungsort zu.

In El Mechili hat der Engländer um das alte türkische Kastell herum bedeutende Kräfte konzentriert. Hunderte von Panzern und Fahrzeugen stehen in bester Ordnung gruppiert. Alles in allem ein Bild, das so recht das Gefühl der absoluten Sicherheit widerspiegelt.

Im Scheine der Abendsonne bereiteten die gegnerischen Einheiten ihre Mahlzeiten, als am Horizont der Wüste sich kleine schwarze Punkte lösten und näher kamen. Unsere Fahrzeuge, die günstig im Licht vorwärts strebten, konnten jetzt in der klar gewordenen Luft des Wüstenabends, jede Einzelheit erkennen. Es war eine böse Überraschung für die Engländer, als die ersten deutschen Panzer ihren Angriff mit dem Schnellfeuer ihrer Bordwaffen begannen.

Es war ein ungleicher Kampf. Die Engländer waren uns an Zahl und Mitteln weit überlegen. Und während so hier dem Engländer der Kampf aufgezwungen war, strebte eine Teilkolonne weiter in Richtung Derna, das am gleichen Tag in Besitz genommen wurde. Damit hatte General Rommel das Trinkwasserproblem seines Afrikakorps gelöst. Derna besitzt die größte Wasserreserve der gesamten Ostcyrenaika. Das damalig noch bescheiden kleine D. A. K. war so seiner Sorge um das Trinkwasser fürs erste enthoben. Die kurze Schlacht um El Mechili war schnell entschieden und das Ergebnis so überraschend, daß zum ersten Male so etwas wie ein Rommel-Mythos in unserem Vaterland entstand.

3000 Gefangene, unter diesen 4 Generale und unter diesen wieder der traurig berühmte General Wiart (der früher der Kommandant der britischen Truppen bei Andalsnes war), fielen in unsere Hände. Das waren die Menschen; was aber an Material, Fahrzeugen, Kampfmitteln und Verpflegung in unsere Hände fiel, war ungeheuer. So konnte sich Kolonne um Kolonne wieder reichlich ausstatten, ohne den eigenen Nachschub abzuwarten. Was das moralisch nach dem furchtbaren Wüstenmarsch für unsere Landser bedeutete, wird jeder, der damals dabei war, in schönster Erinnerung behalten.

Als der Morgen des 10. April 1941 dämmerte, erreichten die ersten Deutschen die Via Balbia. Man jagte die Küstenstraße herunter in der Hoffnung, im ersten Sturm auch Tobruk zu überrennen. Die Ausnützung der Zeit war jetzt alles. Der Widerstand, der uns in Tobruk entgegengesetzt wurde, verlangte aber wieder eine Sicherung der Belagerer in östlicher Richtung. Diese Aufgabe wurde der Aufklärungsabteilung und der Kolonne des Freiherr von Wechmar übertragen. Bardia und die Ridotta Capuzzo wurden überrannt und Sollum als erste Stadt Ägyptens besetzt.

In ungefähr 3 Wochen war es General Rommel gelungen, mit Kräften, die ursprünglich nur als Vorhut des eigentlichen D. A. K. vorgesehen waren (er disponierte damals über Kräfte, die ungefähr einer Division entsprachen), die Engländer bis beinahe zu dem Ausgangspunkt ihrer Offensive zurückzuschlagen.

15. Juni 1941

Für die Engländer bedeutete diese Niederlage einen ungeheueren politischen und militärischen Rückschlag. Tage hindurch war die Feindpropaganda in sichtlicher Verlegenheit. Dann tauchte plötzlich wieder das Argument auf – all das, was der Gegner erreicht habe, sei ein Augenblickserfolg, der jetzt, wo es sich um die Auswirkung rechnerisch erfaßbarer Voraussetzung handle, im Gegenstoß zusammenbrechen müsse. Rein logisch und rechnerisch mußte diesmal der englische Schlag, der große Wurf, gelingen. Die gewaltige Maschine der englischen Propaganda begann sich wieder warm zu laufen.

General Wavell bereitete mit großer Sorgfalt den Gegenstoß vor. Die frischen englisch-australischen Divisionen traten am 15. Juni 1941 zu einem gewaltigen Angriff an mit dem ersten operativen Ziel, alle Achsenstreitkräfte abzuschneiden, die im Kampfraum von Sollum und Bardia lagen. Einmal eingeschlossen, sollten wir gegen die Küste geworfen und dort vernichtet werden. Die Erfüllung des zweiten operativen Zieles, die Befreiung Tobruks, wäre damit automatisch erreicht gewesen.

Drei Angriffskolonnen setzten sich gleichzeitig aus den ägyptischen Wüstengebieten heraus in Marsch. Die erste Kolonne hatte die Aufgabe, im Frontalangriff unter starkem Panzereinsatz den Halfayapaß zu bezwingen, um die Küstenstraße frei zu legen, die für den Nachschub während dieser Operationen von ausschlaggebender Bedeutung war. Die mittlere Kolonne wälzte sich gegen Sidi Omar und sollte nach Überwindung dieser Gegend energisch auf die Ridotta-[Fort]Capuzzo vorstoßen. Capuzzo war hier mehr als Durchgangsstation gedacht, da diese Kolonne am 2. Angriffstag Bardia erreichen sollte. Die dritte Kolonne, die am äußersten linken Flügel operierte, bestand in ihrer Masse ausschließlich aus Kampfwagen, die über Sidi Omar und Maddalena uns gegen die Küste werfen und mit der Besatzung von Tobruk Verbindung aufnehmen sollte.

Für das D. A. K. waren diese Tage äußerst gefährlich. Kaum 80 deutsche Kampfwagen mußten die Stoßkraft von beinahe 400 feindlichen Kampfwagen auffangen und abwehren. Die Mehrzahl der Feindpanzer setzte sich aus »Mark IV, Mark VI und Mark II« zusammen. Die neben den Panzern eingesetzten britischen Truppen waren zahlenmäßig den italienisch-deutschen Truppen ebenfalls weit überlegen.

Wieder einmal aber wurde englisches Rechnen durchkreuzt.

General Rommel dachte nämlich nicht im entferntesten daran sich zu verteidigen, sondern ging sofort mit allen ihm überhaupt zur Verfügung stehenden Einheiten zum Gegenangriff über. Der Gegner beabsichtigte, uns zu umgehen und einzuschließen. General Rommel warf seine Einheiten noch tiefer in die Wüste hinein und griff den Gegner im Überraschungsangriff in seiner völlig ungedeckten Flanke an. Auf diese Weise konnte der rechte Flügel der Engländer seine Aufgabe nicht mehr erfüllen, und der gesamte, so wundervoll errechnete Plan der Engländer war schon vereitelt, ehe er sich noch in seinen Anfängen entwickelt hatte. Die Truppen, die den Halfayapaß besetzt hielten, brachten weiteres Durcheinander in die gegnerischen Pläne. Unter dem Kommando des Major Bach und des italienischen Majors Pardi befand sich dort ein deutsches Bataillon, das durch einige Flakeinheiten verstärkt war; ferner eine Abteilung italienischer Artillerie. Drei Tage lang tobte dort härtester Kampf, den unsere Einheiten, vollständig abgeschnitten und ohne jede Wasserreserve, durchhielten. Lediglich die mittlere Kolonne der Engländer hatte einige Erfolge zu verzeichnen. Sie besetzte das Fort Capuzzo und am zweiten Kampftage Ober-Sollum.

Diese Schlacht kostete die Engländer 270 Kampfwagen, während unsere eigenen Verluste geradezu unbedeutend waren.

Die Zusammenarbeit der italienisch-deutschen Verbände erwies sich als vorbildlich. Alle Bemühungen der englischen Generalität, das Schlachtenglück noch zu ihren Gunsten zu wenden, blieben erfolglos. Mit Mühe und Not gelang es, die Masse der britischen Infanterie zu retten und sie in überstürzten Transporten nach Ägypten zurückzuziehen.

Damit war der erste große Kampfzyklus in Afrika abgeschlossen.

Einige Tage später erfuhr die Welt, daß General Wavell durch General Auchinleck ersetzt worden sei.

Englische Panzer und Infanterie greifen an (Durchbruchsversuch der Engländer)

Der Hafen von Tripolis vom
»Uaddàn« aus gesehen

Turm und Hotel »Uaddàn«

Afrikatransporte

Wie auf allen Kriegsschauplätzen, so gehört auch in Nordafrika der Nachschub zu den Voraussetzungen der Kriegführung. Über Länder und Meere muß ununterbrochen ein Kraftstrom von Menschen und Material von der Heimat zur Front fließen. Eisenbahnen, Flugzeuge, Schiffe und Lastwagen sorgen dafür, daß diese Verbindung nicht abreißt.

Doch auch der Feind weiß, daß hier eine Lebensader der in Nordafrika kämpfenden Achsenstreitkräfte pulst und versucht unermüdlich, durch Angriffe zu Wasser und aus der Luft störend oder unterbindend einzugreifen. Vielfältig sind seine Angriffsmittel. Im Dunkel der Nacht versuchen leichte Seestreitkräfte, die schwerbeladenen Geleitzüge zu überraschen. Aus der Sonne heraus nähern sich in plötzlichen Tiefangriffen Torpedoflugzeuge; Bomber greifen nachts im Schein von Fallschirmraketen an. U-Boote lauern längst des durch Flugzeuge gemeldeten Kurs der Schiffe.

Die Abwehrmaßnahmen müssen daher entsprechend sein. Lückenlos muß die deutsch-italienische Luftwaffe den Mittelmeerraum überwachen, um rechtzeitig die drohende Feindgefahr melden zu können. Pausenlos müssen die im Gleitschutz eingesetzten Seestreitkräfte unserer Verbündeten jeden Angriff von den schwerbeladenen Versorgungsschiffen fernhalten. Gelingt es trotzdem einem feindlichen Flieger, diese Sicherung zu durchbrechen, so empfängt ihn das Feuer der Bordflak. Jeder weiß dann, um was es geht!

Oberstleutnant Graf von Klinckowstroem
Leiter der Afrika-Transporte

Italienisch-deutscher Geleitzug
unterwegs

Viele Abschußwinkel kann die deutsche Bordflak als stolzes Siegeszeichen ihr eigen nennen.
Afrikatransporte bedeuten also Kampf. Kampf um den Bestand und den Erfolg in Nordafrika. Jeder Kampf fordert sein Opfer. So gaben auch hier tapfere Soldaten beider Nationen und aller Waffengattungen ihr Leben für ihr Vaterland.
Besonderer Dank gebührt aber den Besatzungen der Handelsschiffe, die, mit Ausnahme der kurzen Hafenliegezeiten, auf rastlosen Fahrten ununterbrochen freudig ihr Leben einsetzen.
Mit Genugtuung kann jedoch gesagt werden, daß die Opfer relativ gering sind. Mit eiserner Disziplin durchgeführte Sicherheits- und Rettungsmaßnahmen sorgen für den Schutz der Mannschaften.
Die Masse der Soldaten erreicht jedoch Afrika auf dem sicheren und schnelleren Luftwege. Die brave Ju 52 ist für alle Afrikaner ein Begriff. Der alte Afrikaner, mit dem so seltenen Urlaubsschein in der Tasche, begrüßt sie wie eine alte Freundin, bringt sie ihn doch sicher und in wenigen Stunden nach Hause.
Von einem Aufklärungsfluge rückkehrend, wurde eine »Caproni-Ghibli« von 6 feindlichen Jägern über die Küstenstraße angegriffen. Ohne Zögern nahm der Aufklärer den ungleichen Kampf an, schoß zwei der Angreifer ab und kämpfte selbst dann noch weiter, als der eigene brennende Seitenmotor die Maschine zum Landen zwang.

Kampf eines »Caproni-Ghibli« mit 6 Spitfires

Italienische Savoia-Torpedo-
flugzeuge im Angriff auf einen
gegnerischen Geleitzug

Ansicht der Grabmoschee von Homs

ALBERGO SIRTE

Syrte

Menschen und Material rollen durch Wüsten und Oasen der großen Probe entgegen.
Viele fremdklingende Namen hört man, aber noch verbindet sich kein persönliches Erleben mit diesen arabischen Ausdrücken, die kaum gehört, schon wieder vergessen werden.
Dann aber taucht aus der glühenden Einöde eine kleine freundliche Stadt auf. Bäume, Sträucher und Palmen lassen das blendende Weiß der Häuschen und der Moschee noch greller werden, und jeder freut sich schon auf den Schatten, der dort Erleichterung verspricht.
Das damals noch bunte Treiben der eingeborenen Bevölkerung war für viele der erste bewußte Eindruck der Ferne der Heimat, und man empfand es doppelt schön, in den europäischen Räumen des »Albergo Sirte« zu vergessen, hier inmitten einer unendlichen Wüste zu sein (siehe Bild Seite 52).
Der Ortsname war auch leicht zu behalten. Syrte wurde fester Erinnerungsbegriff für alle »alten Afrikakämpfer«.
Syrte war im Mittelalter ein Zentrum des Safranhandels. Safran wurde hier angebaut und ausgeführt, und alles lebte direkt oder indirekt von diesem Monopol. Heute noch nennen die Araber Syrte: Gasr Zaafrán.
Je weiter man zeitlich zurückgeht, desto mehr wird augenfällig, daß früher hier viel bessere Lebensbedingungen bestanden, und es ist daher nicht zu verwundern, daß die Geschichte Syrtes bis in graue Vorzeiten zurückreicht.
Vor dem Kriege wohnten in Syrte neben 102 Europäern 2000 Araber und 330 Juden.
Die in der Syrtegegend wohnenden Araber gehören alle zu drei Stämmen, die selbst wieder in Sippen, in »Kabylen«, unterteilt sind.
Die Fergiàn wohnen längs der Küste bis zu Bueràt el Hònn. Die el-Gadàdfa hausen im Innern des Gasr Bu-Hàdi, während die Maàdan den restlichen Küstenstrich Syrtes bevölkern.

Albergo Sirte

Gesamtansicht von Syrte

Autokolonne im Sand bei
En-Nofilia

In einem Umkreis von rund 20 km von Syrte wurden in den letzten 20 Jahren bemerkenswerte prähistorische Funde gemacht. Unter diesen sind die Zisternenreste und Bewässerungsanlagen die interessantesten.
Im Altertum hieß Syrte Macomedes.
Die neue Geschichte Syrtes beginnt mit der Einnahme der Siedlung am 30. Dezember 1912 durch die Italiener.
Obwohl im Lausanner Vertrag (Friedensschluß zwischen Italien und der Türkei) den Italienern Libyen zugesprochen war, mußte überall noch weitergekämpft werden. Ununterbrochene Aufstände erschwerten eine Befriedung.
Die Zusammenstöße bei Uadi Marsìt und Gasr Bu Hàdi am 7. bezw. 28. April 1915 und bei Syrte am 22. Mai 1920 brachten wenigstens zeitweilig eine Klärung der Machtverhältnisse.
Eine energische Aktion unter Führung von Oberst Mezzetti unterdrückte am 23. November 1924 eine gefährliche Aufstandsbewegung der Araber, die unter der Führung von Ibrahim Sceteni standen.
Nach unglücklich verlaufenen Gefechten mit italienischen Streitkräften zog sich Ibrahim Sceteni mit seinen Anhängern in die Oasen von el-Giofra zurück, wo er im Kampfe mit anderen aufständischen Stämmen, die unter der Führung der Brüder Sef en-Nasr standen, umkam.
Heute gibt es in Syrte nicht allzuviel zu sehen. Die Moschee mit ihrem Minarett gibt der Siedlung ihre Charakteristik. 1842 wurde von den Türken ein Kastell errichtet, in dem sich jetzt – nach einer gründlichen Restaurierung – seit 1912 die Staatsbehörden befinden.

Kamelreiter in der Wüste bei Syrte

Im Süden der Stadt befindet sich ein Brunnenschacht, der zu einer ausgedehnten frühchristlichen Begräbnisstätte des IV. Jahrhunderts führt. Wenige unserer Landser wissen davon.
Der Hafen von Syrte ist sehr bescheiden und gestattet nur kleineren Schiffen ein Anlegen.
Syrte selbst ist von kleinen Palmenhainen umgeben. Viele dieser Haine und Anpflanzungen liegen versteckt in den Uidiàn (d. s. Taleinschnitte) und geben den Eingeborenen bescheidene Lebensmöglichkeiten.
Und dann ging es wieder weiter.
Wer erinnert sich nicht an die im Sonnenglast zitternde Luft und an das gleißend reflektierte Licht der Sonnenstrahlen, als Syrte wieder hinter uns lag.
Sand, feiner als Gesichtspuder, erstickt selbst den zähen Lebenswillen der Pflanzen, und das sich trotzdem manchesmal spärlich durchkämpfende Halfagras wirkt wie Hohn auf das Leben.
Ein Blick aus dem LKW vermittelt noch einmal den feinen, kobaltblauen Schein des Meeres, gegen den sich die kleine, weiße Silhouette Syrtes zum letzten Male abhebt.
Einsame Telegraphenpfosten ziehen sich längs der Via Balbia, der großen Küstenstraße, entlang. Wagen auf Wagen fügen sich zu Kolonnen. Eine ununterbrochene Bewegung nach vorne.
Italienische und deutsche Maschinen. Bleibt einer mit irgendeiner Panne liegen, so ist es rührend zu sehen, wie deutsche und italienische Kameraden sofort helfend einspringen. Diese Kameradschaft zwischen den Soldaten beider Nationen ist selbstverständlich auf allen Pisten Afrikas.

Pak reagiert auf englischen Durchbruchsversuch

Welcher Gegensatz, wenn vor unseren modernsten Lastkraftwagen und sonstigen Kriegsfahrzeugen irgendein einsamer Kamelreiter unseren Weg kreuzt. So wie vor Jahrhunderten zieht auch heute noch der Eingeborene durch die Wüste. Zwei Welten scheinen sich hier zu berühren, ohne voneinander Notiz zu nehmen. Wir rechnen mit Tag, Stunde, Minute und Kilometer, der Eingeborene mit nichts anderem als dem Rhythmus seiner kleinen Lebensnotwendigkeiten, denen er Genüge leisten muß, um nicht unterzugehen (Bild Seite 56).

Und während wir als Kämpfer für den zukunftsfrohen Begriff einer Großraumpolitik um den Lebensraum Europas kämpfen, zieht als losgelöstes Einzelwesen ein Kamelreiter durch die Wüste, der nur an heute denkt, das Morgen nur ahnt und mit einer größeren Gemeinschaft nur durch seinen Glauben an Mohammed verbunden ist.

Die Engländer hatten damals Hoffnung, durch die große Syrte zu stoßen. Die Tätigkeit ihrer Luftwaffe war rege. Vielfach kam es zu dramatischen Luftkämpfen, in denen sich deutsche wie italienische Piloten auszeichneten. Die Zeichnung auf Seite 50 gibt einen Kampfmoment wieder, der seinerzeit im italienischen Wehrmachtsbericht beschrieben wurde.

Staub!!! ...

Staub ist Vorstellung in Europa, aber ein faßbarer Begriff in unserem Nordafrika. Staub ist dort allgegenwärtig.
Kolonnen von Lastwagen quälen sich vorwärts. Die Motoren, überhitzt, arbeiten bis zur Unkenntlichkeit verstaubt, immer noch. Es ist kaum zu fassen, daß bei diesem Staub überhaupt noch eine Maschine weiterläuft.
Eine neue Kolonne arbeitet sich auf einer Piste vorwärts. Die Triebräder mahlen sich tief in den Untergrund und wirbeln Pulverwolken auf. Das folgende Fahrzeug verschwindet schon halb im Dunst des Sandstaubs, das hier beherrschend Mensch und Maschine tyrannisiert. Weiter folgende Wagen ahnen nur mehr noch den vorfahrenden Wagen. Aber trotzdem geht es Stunden und Stunden, hunderte und aberhunderte von Kilometern weiter. Die Fahrzeuge sind mit einer dicken, gelblich-weißen Staubschicht überzogen. Fahrer und Beifahrer desgleichen. Die Gesichter der Menschen erscheinen wie Erdmasken, durch die wie Messerschnitte die Schweißrinnen ziehen. Auf den Schweiß legt sich sofort wieder eine neue Staubschicht, die sich mit der Feuchtigkeit vermengt und Ockerfarbe annimmt. Neulinge und Optimisten verwenden Staubbrillen. Wenn aber einmal die schweiß- und staubverklebten Hände die Brille von dem dicken Sandpuderbelag befreien wollen, dann ist sie so verschmiert, daß jede weitere Mühe hoffnungslos ist. Taschentücher oder dergleichen sind – obwohl gut aufbewahrt – ebenfalls bis zum Unvorstellbaren verstaubt und versandet. Dieser Sandpuder durchdringt alles, auch »staubsichere« Kisten.
Die Uhren – wenn sie nicht mit Leukoplast verklebt – bleiben mit versandetem Werk stehen. Das macht in vielen Fällen nichts, den hier lebt man nicht in Stunden, sondern Tagen, ja, viele wissen manchesmal sogar nicht mehr, ob es Donnerstag oder Sonntag ist.
Kommt eine kurze Fahrpause, um eine Mahlzeit auf Büchsenbasis einzunehmen, so ist gleich überall Sand dazwischen, er knirscht zwischen den Zähnen.
Zäh geht es weiter, bis der Nachschub jenen zugeführt ist, die hart am Feind, Tag und Nacht, unter Lebensbedingungen kämpfen müssen, die für Europa unvorstellbar sind.
Zunächst fährt man noch auf der Straße, dann auf Pisten und schließlich in noch unbefahrenem Wüstengelände, wo Richtung nur noch durch den Marschkompaß einzuhalten ist. Mit der größten Selbstverständlichkeit der Welt sind unsere Fahrer Tag und Nacht unterwegs, immer frohen Mutes und zuversichtlich, aber stets mit allen Nerven bereit, zu reagieren, wenn Tiefflieger sich nahen. Die Fahrer springen dann ab und suchen in der flachen Wüste irgendetwas, das an Deckung erinnern könnte, oder reagieren – sofern entsprechende Waffen vorhanden – gegen jene, die diese Fahrt aufzuhalten versuchen.

Der Angriff ist vorbei, hartes Erleben und Nervenanspannung ist vorüber, und schon setzen sich die Maschinen wieder in Bewegung. Nach wenigen Minuten ist alles wieder vergessen. Man erhöht vielleicht die Durchschnittsgeschwindigkeit, um ja in der vorgesehenen Zeit dort zu sein, wo Kameraden auf Nachschub warten.

En-Nofilia

En-Nofilia ist ein großes Wüstenfort. In Friedenszeiten wird von hier aus ein Gebiet überwacht, das ungefähr der Größe der Mark Brandenburg entspricht. Auf ihren wundervollen Rennkamelen zieht sonst hier die eingeborene Meharistentruppe aus, um ihren eintönigen Dienst zu versehen.
Das Fort beherbergt außer dem Präsidium eine Poststation, eine große Funkstelle, eine Carabinieristation und ein Ambulatorium, das auch allen Eingeborenen zugänglich ist.
Die kleine arabische Mustersiedlung, die von Italien, jeder Lebensgewohnheit der Eingeborenen Rechnung tragend, hier errichtet wurde, entstand neben dem Wüstenfort. Schule, Moschee und Markt gruppieren sich um einen geräumigen Platz, in dessen Mitte die Italiener einen Monumentalbrunnen errichtet haben. Der altrömische Legionsadler krönt die Mittelsäule des Brunnens und gibt dem Platz seine eigene Note.
Die Gegend an sich ist unwirtlich, trotzdem wird in den Hügeltälern eine bescheidene Gerstenart gezogen, die dem Eigenbedarf der Eingeborenen dient. Die in En-Nofilia lebenden Bewohner sind Nomaden, manche sind reiche Hirten. Kurz vor dem Ausbruch des Krieges zählte man dort: 14 200 Schafe, 7 300 Ziegen und 4 550 Kamele sowie einige Pferde.

Siedlungszentrum mit dem Imperiumsbrunnen von En-Nofilia

In der Nähe von En-Nofilia lag ein Flugplatz, den viele unserer Kameraden der Luftwaffe, im guten wie im bösen Sinne, noch in Erinnerung haben dürften.
Wohl wenige aber werden En-Nofilia selbst kennen, wenn auch für viele die Wegkreuzung »bivio en-Nofilia« vertraut ist. Die Gegend selbst bietet dem Auge nichts. Sand – Sand – Sand! Einmal gekräuselt, einmal als Düne, dann wieder als Verwehung, manchmal von Steinen durchsetzt, die dann und wann Felsblockgröße erreichen. Das ist alles!
Und dann die Sonne! Nicht ein Zentimeter, der auch nur etwas erlösenden Schatten spenden würde. Überall zittert die Luft, ja sie schwankt geradezu vor Hitze. Fahrzeuge, die nur in kurzer Entfernung vorausfahren, verlieren ihre charakteristischen Konturen, werden zu eigenartigen Zerrbildern, gleichsam wie die Negative eines Films, die in Überhitze sich selbst auflösen. Der Körper leidet unter dieser bestialischen Äußerung der Sonnenkraft. Schweißtriefend fluchen die Fahrer in allen nur möglichen Dialekten; aber sie fahren weiter, halten durch und erfüllen so selbstverständlich ihre Pflicht.
Wenn dann der Sonnenuntergang kommt und mit ihm der Temperatursturz bis zu rund 30°, dann ist sofort die Hitze des Tages und mit ihr alle Mühe und Plage der vorangegangenen Stunden vergessen. Hunderte von Kilometern legt man in der Wüste zurück, ohne daß diese Entfernungszahl dem Einzelnen zum vollen Bewußtsein kommt. Kilometer sind hier nichts mehr. Dann wird es wieder Nacht und beim Morgengrauen geht es weiter, übermorgen ebenso.

Das Wüstenfort En-Nofilia

Typisch ist das Bild einer modernen, von Italien planvoll erbauten Arabersiedlung. Überall in Libyen, insbesondere im tripolitanischen Gebiet, begegnet man ihnen.
Es ist einer der ernsthaftesten Versuche, die je bewußt und mit Methode gemacht wurden, Nomaden und Halbnomaden der Wüste an ein seßhaftes Leben zu gewöhnen, sie in den modernen Lebenskreis einzuschalten.
Der augenblicklich tobende gigantische Kampf der Weltmächte hat dieser Entwicklung zwar Einhalt geboten, aber trotzdem sucht Italien dieses Problem auch jetzt noch weiter zu lösen, das für die Zukunft dieser Zone von entscheidender Bedeutung ist.
Eine Meharistenkolonne stiebt mit ihren edlen Rennkamelen vorbei wie eine Vision – und wieder träumt verlassen und stoisch ein kleines Araberdorf seinen afrikanischen Traum weiter.
Der L.K.W.-Fahrer aber, sei er Deutscher oder Italiener, schaut kaum hin. Sein Blick folgt der Fahrbahn, die von einer unendlichen Ferne aufgesogen wird.

Eingeborenen-Mustersiedlung
von En-Nofilia

Die Via Balbia zwischen Bivio
En-Nofilia und Arco dei Fileni

Arco dei Fileni, der Tripolitanien von der Cyrenaika trennt

Arco dei Fileni

Ganz unmotiviert steigt aus der flachen Wüste ein kolossaler Triumphbogen in modernem italienischen Kolonialstil auf. 680 km von Tripolis entfernt, soll er an die antiken Arae Philaenorum erinnern.
Im oberen Teil des Bogens liegen zwei bronzene Kolossalfiguren, die die heldenhaften Brüder Fileni darstellen. Das ergreifende Selbstopfer der beiden Brüder hat uns die Antike überliefert.
Die Karthager hatten in geringer Entfernung vom griechisch-syrtischen Antomala (wahrscheinlich das heutige Mugtàa el-Chebrit) einen Landeplatz entwickelt, dessen Besitz in kurzem Zeitraum zu einem blutigen und langwierigen Kriege zwischen den beiden Parteien führte. Beide hatten mehr Schaden als Nutzen von der grausam geführten Auseinandersetzung.
Ungefähr um das Jahr 350 v. d. Z. gelangte man schließlich zu einem Abkommen, das folgende Schlichtung und Entscheidung vorsah:
Am gleichen Tage und zur gleichen Stunde sollten von Carthago und Cirene aus je zwei Läufer starten. Die zukünftige Grenze sollte da liegen, wo sich die beiden Läuferpaare begegneten. Carthago wählte als seine Vertreter die als glänzende Athleten bekannten Brüder Fileni, die, ihrer hohen Aufgabe voll bewußt, mit unglaublicher Zähigkeit ihren Marsch durchführten.
Inmitten der großen syrtischen Wüste begegneten sie schon den Vertretern Cirenes und hatten so die Leistung ihrer Widersacher bei weitem überboten. Die Cirener, beide ebenfalls erstklassige Sportsleute, waren auf ihrem Marsch durch Unwetter und Regen behindert. Um die einmal gefallene Entscheidung wieder rückgängig zu machen, beschuldigten sie die Brüder Fileni, schon vorzeitig aufgebrochen zu sein. Aus diesen Anschuldigungen entstanden zwischen den beiden Staaten langwierige Verhandlungen. Schließlich machte Cirene den Carthagern einen Vorschlag, von dem es annehmen konnte, daß er von der Gegenseite nicht angenommen und der Wettlauf wiederholt werden würde.
Man sagte den Carthagern:
»Wir sind bereit, die neue Grenze anzuerkennen, wenn eure Läufer sich dort lebendig begraben lassen«.
Ohne Überlegung erklärten sich die beiden Brüder Fileni bereit, ihr Leben ihrem Vaterland zu opfern.
An der Stelle der selbstlosen Aufopferung der Brüder Fileni wurde die Arae Philaenorum gesetzt, die nicht nur Kultstätte reinster Vaterlandsliebe, sondern gleichzeitig ewige Grenze zwischen Cirene und Carthago sein sollte.
Marschall Balbo ließ 1937 den neuen Triumphbogen an der mutmaßlichen Grabstelle der Filenibrüder errichten. Heute trennt der Bogen die Provinzen Tripolitanien und Cyrenaika. Und durch dieses heilige Symbol der Selbstüberwindung zum Wohle der eigenen Volksgemeinschaft fuhren Kolonnen über Kolonnen unserer Generation dem Feind entgegen, der damals von einem englischen Tripolitanien träumte.

Deutsche Panzer in El Agheila

Hier in der Nähe begann damals die Front.

Noch ahnte der Gegner nicht, wer ihm in General Rommel gegenüberstand. Die englische Propaganda überschlug sich noch mit Phantasien über die Möglichkeiten ihrer Divisionen, die nur noch einen Spaziergang bis Tripolis, ja Tunis vor sich hätten, als ein plötzlicher Stoß der ersten Verbände des deutschen Afrikakorps diesen Träumen ein jähes Ende bereitete. Noch schwieg die deutsche und italienische Wehrmacht, aber in den Londoner Propagandasendungen wurde sofort ein anderer Ton angeschlagen. – Was war geschehen? –

El Agheila war wieder fest in der Hand der Achsenmächte.

In dem trostlos öden Gebiet, das die Eingeborenen selbst »Tal des Teufels« nennen, fahren selbstsicher im Staubmeer unsere Panzer.

Über den Rundfunk aber erfuhr damals die Welt:

> Italienischer Wehrmachtsbericht Nr. 293 vom 27. März 1941
>
> ... Nell' Africa settentrionale, unità italiane e tedesche hanno occupato el Agheila (Sirtica)...
>
> ... In Nordafrika haben deutsche und italienische Einheiten El Agheila (Syrte) besetzt.

Eine lakonische Meldung, die die Welt in Erstaunen versetzte.

Italienischer Wehrmachtsbericht Nr. 264
vom 26. Februar 1941

> Nell' Africa Settentrionale, il mattino del 24 corrente, formazioni del Corpo tedesco in Africa sono entrate per la prima volta in contatto col nemico a sud-est di Agedabia.
>
> In Nordafrika nahmen Einheiten des Deutschen Afrikakorps südöstlich von Agedabia zum ersten Male Fühlung mit dem Gegner.

Damit begann der Marsch und Kampf des D. A. K.

Panzer zerstört englische
Versorgungskolonne

Italienischer Wehrmachtsbericht Nr. 295
vom 29. März 1941

Nell' Africa settentrionale, nulla di notevole da segnalare.

In Nordafrika nichts Neues.

Aber wieviel Geschehen verbarg sich hinter diesen lakonischen Worten.

Italienischer Wehrmachtsbericht Nr. 299
vom 2. April 1941

Nell' Africa settentrionale, truppe meccanizzate italiane e germaniche, superate resistenze nemiche, hanno occupato Marsa el Brega, località della Cirenaica.

In Nordafrika haben deutsche und italienische motorisierte Verbände feindlichen Widerstand überwunden und Marsa el Brega – ein Ort der Cyrenaika – besetzt.

Italienischer Wehrmachtsbericht Nr. 300
vom 3. April 1941

Nell' Africa settentrionale, il successo delle truppe meccanizzate italo-germaniche è stato allargato oltre Marsa el Brega.

In Nordafrika wurde der Erfolg deutsch-italienischer Truppen über Marsa el Brega hinaus erweitert.

Italienischer Wehrmachtsbericht Nr. 301
vom 4. April 1941

Nell' Africa settentrionale, continuano le operazioni di colonne motorizzate italo-tedesche in Cirenaica.

In der Cyrenaika dauern die Kampfhandlungen deutsch-italienischer motorisierter Verbände an.

Italienischer Wehrmachtsbericht Nr. 302
vom 5. April 1941

In Cirenaica, le truppe italiane e germaniche svilupando il successo conseguito nella zona di Agedabia, hanno raggiunto fin da ieri mattina Bengasi e spinto colonne motorizzate oltre della Città.

Deutsch-italienische Truppen nutzen ihren Erfolg aus, den sie im Gebiet von Agedabia errungen haben. Sie haben seit gestern Morgen Bengasi erreicht und dabei motorisierte Verbände über die Stadt hinaus vorgeschoben.

Westansicht von Agedabia

Agedabia

Damit hatte sich das Blatt der Cyrenaika schon wesentlich gewendet.
Agedabia zählt in Friedenszeiten 6019 Einwohner, unter den sich 118 Europäer und 54 Juden befanden. Die Stadt ist ein bedeutendes Verkehrszentrum, Wege führen in das Wüsteninnere, insbesondere nach der Oasengruppe Cufra.
Unter der Herrschaft der Fatimiden war Agedabia ein bedeutender Handelsort, um so mehr, als es damals – wie angenommen wird – direkt am Meere lag.
Nach der Übergabe an General Latini wurde die Stadt am 16. Mai 1914, in der Folge abgeschlossener Staatsverträge, Sitz des religiös und politisch einflußreichen Hauptes der Senussisekte.
Durch die offene, feindselige Einstellung der Bruderschaft wurde der Senussiorden von den Italienern 1923 dort aufgelöst.

Zu der untenstehenden Zeichnung:
Einer der ersten Heldenfriedhöfe Nordafrikas in Agedabia. Mit Sorgfalt hatten Kameraden die Ruhestätte hergerichtet.
Später wurden die Gräber dann mit anderen in einem würdigen Sammelfriedhof zusammengefaßt. Jetzt wacht die staatliche Fürsorge über diesen letzten Ruhestätten.

Der Heldenfriedhof
von Agedabia.
Einer der ersten in Nordafrika

Das Kampffeld km 18,2 bei
Agedabia

Panzervormarsch in der Cyrenaika

Ghemines

Auf der Via Balbia ist der Kriegssturm schon über Ghemines und Benghasi hinweggebraust. – Aus der Einöde der abwechslungslosen Wüste erscheint Ghemines nun als Augenweide und Erholung.
Ghemines nannte sich in der Antike Caminus, von dem noch verschiedene Ruinen vorhanden sind. Die rund 200 arabischen Hütten liegen inmitten eines Brunnengeländes, das leicht salziges, jedoch trinkbares Wasser spendet. In den sorgfältig bebauten kleinen Arabergärten wachsen Gemüse und Obst (Datteln, Tafeltrauben und auch Honig). In Friedenszeiten lebt die Bevölkerung von der Ausfuhr von Gerste und vom Viehhandel.
Die elegante Moschee wurde durch Italien wieder vollständig renoviert.
1,7 km vom Wohnviertel entfernt finden sich die Reste eines altrömischen Kastells, dessen große Quadern zur Pflasterung des Hauptplatzes der Ortschaft dienten.
In der Nähe des römischen Kastells, das die Araber Casr el Chèhil nennen, liegt ein Steinhaufen, der sich Magtelet Ghernàs, Ort wo Ghernas ermordet wurde, betitelt. An sich nichts Besonders und doch interessant und charakteristisch. Nach der Überlieferung lebte in Ghemines ein junger Krieger, der sich in ein wunderschönes Mädchen eines gegnerischen Stammes verliebte. Er entführte die kleine Araberin bis zu diesem Ort, wo beide von Verwandten durch Steinwürfe getötet wurden. Die Familie der Ermordeten schrieb auf den größten Stein folgende Inschrift:
»Wer den Propheten liebt, werfe einen Stein auf diesen Ort!«

Ghemines von der Via Balbia
aus gesehen

Mit der Zeit wuchs der Steinhaufen zu einem kleinen Hügel an, was in einer Gegend, in der Steine völlig fehlen, mindestens eine Leistung von gläubiger Überzeugung darstellt. Die Eingeborenen mußten diese Steine (je größer, desto größer die Überzeugung) weit herschleppen.

Beim Bau der Balbostraße war dieser Steinhaufen dann willkommenes Material. Obwohl damals beinahe verschwunden, ist der Steinhügel jetzt schon wieder im Wachsen, und wenige Jahre werden genügen, um ihm seine frühere Größe wiederzugeben.

Aber niemand hatte Auge und Ohr für jene Romantik aus 1001 Nacht. Alle schauten wie elektrisiert auf die Meilensteine, die die Kilometer bis Bengasi anzeigten.

Das war damals entschieden wichtiger.

Der Fieseler-Storch General Rommels geleitet Kolonnen durch die Wüste

Bei Solluch

Eine Schmalspurbahn führt von Bengasi nach Solluch, das abseits von Ghemines und Bengasi liegt.

Dieses Solluch ist ein Beispiel, was Energie eines Einzelnen Neues zu schaffen vermag. Der italienische Gouverneur von Solluch, der seit der Eroberung Libyens, also seit 1911, in der Kolonie weilte, stellte nach einigen Bohrungen fest, daß der Wasservorrat des Bodens nicht nur dazu ausreichte, eine blühende Siedlung zu schaffen, sondern [daß] ungeheuere versteppte Flächen wieder soweit zu bringen waren, daß die Herden der Eingeborenen genügend Futter finden konnten.

In echter Pionierarbeit errichtete dieser Gouverneur in Solluch eines der vorbildlichsten Wasserwerke der Wüste. Der gleichen Initiative entstammt ein Muster-Erziehungsheim für die eingeborene Jugend, die dort kostenlos mit allen Grundlagen des praktischen Lebens vertraut gemacht wird. Weiter finden wir dort noch ein Erziehungsheim für Kriegswaisenkinder, ein Spital, eine Moschee und die »Piazza del Fondùgh«, der große Eingeborenenmarktplatz.

Die Engländer sprengten bei unseren Vordringen alle Hauptgebäude in die Luft.

Kurze Zeit darauf traf ich den alten Gouverneur zwischen den Trümmern der Siedlung. Vornehm ruhig, aber in den Augen flackerte ein Feuer; seine Lebensarbeit war in wenigen Minuten zerstört worden.

Der Sturm unserer motorisierten Verbände zog über die Landschaft. Der Engländer zerstörte alles vor seinem Rückzug, nur Grauen und Elend bei den Eingeborenen zurücklassend.

Marabut bei Solluch

Der zerstörte Schmalspur-
bahnhof von Solluch

Zerstörtes Wasserwerk in Solluch

Italienischer Wehrmachtsbericht Nr. 303
vom 6. April 1941

Nell' Africa settentrionale, continua l'avanzata verso l'oriente delle colonne italiane e tedesche in Cirenaica.

In Nordafrika geht der Vormarsch deutsch-italienischer Kolonnen in östlicher Richtung weiter.

Italienischer Wehrmachtsbericht Nr. 304
vom 7. April 1941

In Libia, colonne celeri italiane e tedesche hanno sbaragliato le retroguardi britanniche a nordest ed a sudest di Bengasi ed hanno respinto con successo un controattacco di carri armati nemici. E'stato fatto un rico bottino di prigionieri, armi ed automezzi.

Deutsch-italienische Kolonnen haben britische Nachhuten nordöstlich und südöstlich von Bengasi eingeschlossen und haben mit Erfolg einen durch Panzer unterstützten Gegenangriff des Feindes abgewiesen. Zahlreiche Gefangene wurden eingebracht und Waffen und Fahrzeuge erbeutet.

Italienischer Wehrmachtsbericht Nr. 305
vom 8. April 1941

In Cirenaica le forze corrazzate e motorizzate italo-tedesche superando forti resistenze nemiche hanno occupato Barce e Tòcra. L'avanzata continua.

Deutsch-italienische Panzer- und motorisierte Verbände haben nach Überwindung stärkeren Feindwiderstandes Barce und Tòcera besetzt. Der Vormarsch geht weiter.

Italienischer Wehrmachtsbericht Nr. 306
vom 9. April 1941

In Cirenaica, superate con brillante manovra le resistenze opposte da reparti caccanizzati nemici, particolarmente notevoli a Msús ed a Mechili, le forze italo-tedesche, raggiunta Derna, continuano ad incalzare il nemico e procedono al restrellamento della vasta regione rioccupata.

Nachdem die deutsch-italienischen Streitkräfte in der Cyrenaika durch ausgezeichnetes Manöver den Widerstand feindlicher motorisierter Verbände gebrochen hatten, der besonders stark in der Gegend von Msus und El Mechili war, wurde die weitere Verfolgung des Feindes aufgenommen, während die neubesetzten Gebiete von Feindresten gesäubert wurden.

Das Wüstenfort El Mechili
vom Süden aus gesehen

El Mechili

Der Wegweiser von El Mechili war 1941 eine kleine Berühmtheit. An einen Balken waren Holzpfeile genagelt, die nach verschiedenen Himmelsrichtungen zeigten. Sie gaben uns die Richtung nach dem einen oder anderen Ort an. Man stellte seinen Marschkompaß nach der Pfeilrichtung ein und fuhr mit der Marschzahl los in der Hoffnung, nach vielen Stunden am Bestimmungsort anzukommen.
Reine Wüstenfahrerei hat so etwas wie Seefahrt an sich. Veranlagung und Erfahrung und nicht zuletzt die vielen Enttäuschungen formen schließlich aus dem unsicheren Neuling den erfahrenen Wüstenlandser.

Richtungsanzeiger bei
El Mechili

Innerer Hof des Wüstenforts
El Mechili

Westseite des Wüstenforts
El Mechili

Gesamtansicht des Wüstenforts
El Mechili

Das Wüstenfort Pessana von
der Via Balbia aus gesehen

Das Wüstenfort von Sidi el Magrùn, davor ein halb im Flugsand versunkener englischer Panzer

Das Wüstenfort El Guarscià

Stadtinneres von Bengasi

Bengasi

Bengasi, Metropole und der Haupthafen der Cyrenaika, hatte in Friedenszeiten 50 751 Einwohner (davon 16 035 Weiße).
Bengasi wurde im fünften vorchristlichen Jahrhundert begründet. Zuerst wurde es Euesperide, später dann Esperide genannt. Esperide, weil nach der Sage sich die berühmten »Gärten der Hesperiden« in der Nähe der Stadt befanden.
Während der Regierungszeit Arkesilaos IV. – dem letzten Battiaditen-König – wurde eine große Gruppe cirenischer Kolonisten hierher verpflanzt. Als derselbe Arkesilaos IV. aus Cirene verjagt wurde, zog er sich nach Esperide zurück, wo er 450 n. d. Z. auch starb.
Strabo beschreibt den berühmten Venustempel, der auf einer kleinen Insel zwischen den Tritoniasümpfen vor Bengasi gelegen haben soll.
Esperide war eine der fünf Städte des cirenischen Städtebundes. Es wurde in der Antike oftmals von aufständischen libyschen Eingeborenen belagert. Die bekannteste Belagerung war um 413 v. d. Z., als die peloponnesische Flotte die Stadt befreite.

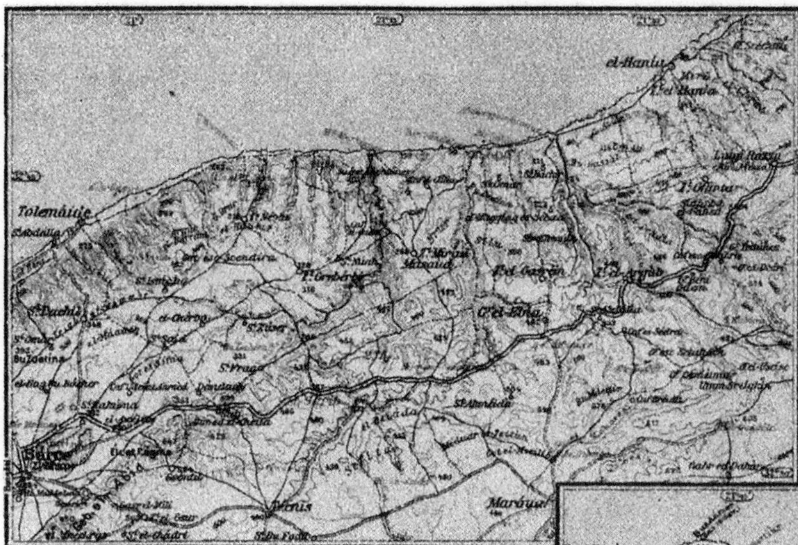

Später geriet die Stadt unter die Herrschaft der Ptolemäer von Ägypten. Ptolemäus III. Euergetes war mit Bernike, einer Tochter des Fürsten Magas, verheiratet. Zu Ehren seiner Frau gab er der Stadt den Namen Berenike. Heute noch heißt Bengasi im Dialekt einiger Wüstenstämme – wie z. B. bei Augila: »Bernich«. Als Bernich erscheint Bengasi auf allen nautischen Karten des Frühmittelalters.

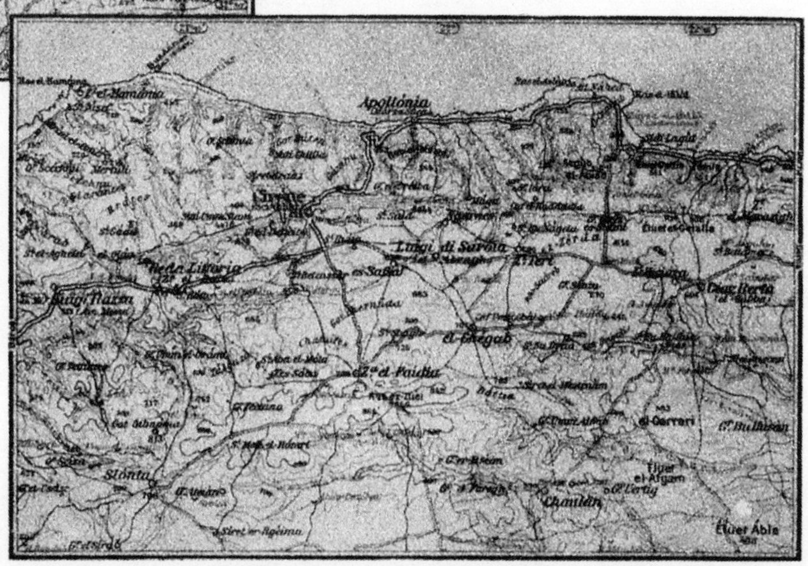

Raum Cirene – Giovanni Berta

Der oströmische Kaiser Justinian restaurierte die Stadtmauern und die öffentlichen Gebäude und gründete die großartigen Thermen.
Nach der Einnahme durch die Vandalen geriet die Stadt in Verfall, verlor aber trotzdem ihre Bedeutung als Handelszentrum nicht. Mit der Zerstörung von Agedabia übernahm der Hafen von Bernich den gesamten Handel der genuesischen Flotte. Diese hatte sich den Handel der Barce-Region in einem Vertrag mit dem Emir Abu-Zagaria-Sahia gesichert.
Später erschien auf den Navigationskarten neben der Bezeichnung Bernich der Name Marsa Ibn Gazi. Der Name war der eines Heiligen, der 1450 in dieser Zone lebte, ohne irgendwelche andere Erinnerungen als einen Namen zu hinterlassen.
1578 war Bengasi bereits im Besitz der Türken, die dort neue Befestigungsanlagen schufen. Sie blieben dort bis zum 20. Oktober 1911, als die Stadt vom 1. Batl. des 63. italienischen Infanterieregiments besetzt wurde.
Die Umgebung Bengasis birgt viel Interessantes. Das Sehenswerteste sind aber die Grotten von Lete (9 km von Bengasi).
In einem alten Flußbett kommt man zu einer steil aufragenden Felswand, in der die berühmten Grotten von Lete liegen.

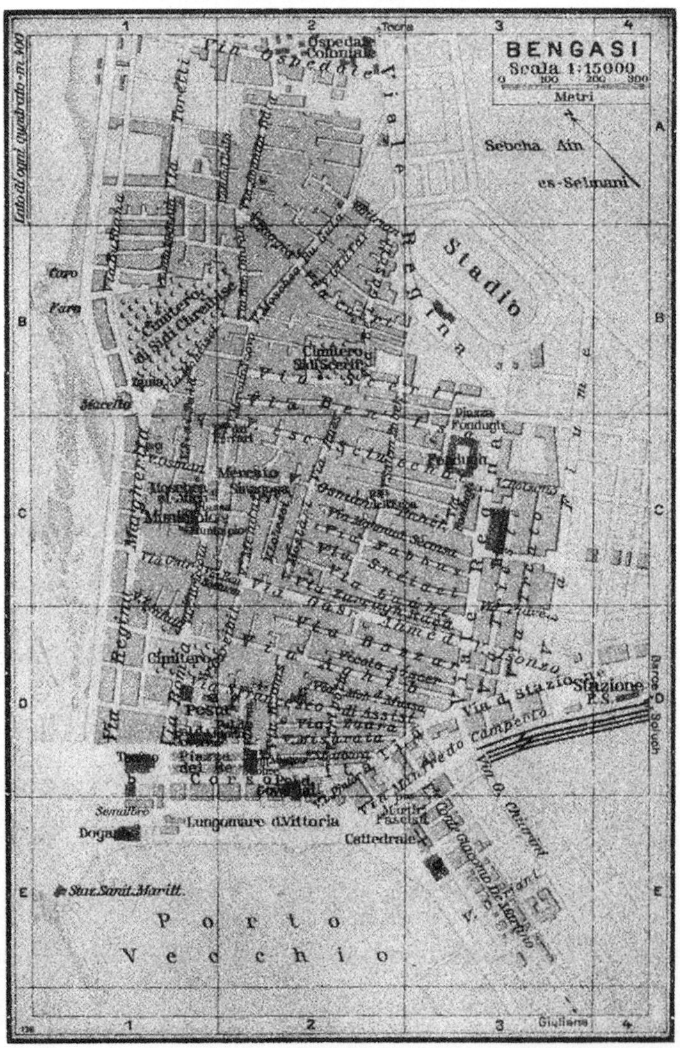

Stadtplan von Bengasi

Heute ist es sicher, daß diese unterirdischen Wasserläufe Verbindung mit dem Zeianasee haben. Man kann den unterirdischen Wasserlauf gut an den Senken und Erdeinbrüchen verfolgen. Innerhalb der Senken liegen blühende Anlagen und reiche Gärten. Viele unserer Soldaten, die dies hören, werden sich fragen, wo diese Wunder liegen sollen, denn der Großteil aller ist hier vorbeigefahren, ohne zu ahnen, daß außer Sand und Steinen hier noch etwas existiere.

Wie gesagt, liegen diese Pflanzungen in Senken und sind nicht ohne weiteres zu erkennen.
Man nimmt an, daß die Grotten, die von den Eingeborenen Chiòch el Chebir (das große Loch) genannt werden, mit dem Fluß Lete der Antike übereinstimmen. Strabo, Plinius, Lucian und Ptolemäus erzählen uns, daß der Lete zu den unterirdischen Wasserläufen des Hades gehöre, aus dem die Toten das »Wasser des Vergessens« tranken, um von Freude und Leid unserer Erde frei zu werden.
Wahrscheinlich floß das Wasser im Altertum teilweise an der Oberfläche in Richtung des Zeianasees. Damit wäre auch die antike Beschreibung, die von einem Fluß spricht, zu verstehen. Der Kuriosität halber sei erwähnt, daß hier in den Gewässern eine blinde Krebsart lebt, die sonst nirgends mehr auf unserer Erde existiert.
Versuche, das gesamte Grottensystem zu erforschen, wurden 1873 durch Erzherzog Salvatore von Toscana und 1881 durch den deutschen Forscher Haimann unternommen. Erst 1919 gelang es jedoch dem Deutschen Lebrecht, das gesamte Grottensystem nicht nur zu erforschen, sondern es auch kartographisch festzulegen.
Die in den Senken liegenden Gärten und Anlagen sollen nach der Überlieferung mit den berühmten Gärten der Hesperiden der Antike identisch sein. Hier kurz die griechische Sage:
»Hera (Juno) war vor der Titanenschlacht von der vorsichtigen Rheia zu Okeanos und Thetis gebracht und dort erzogen worden. Dem schönen jungen Mädchen nahte sich Zeus in Gestalt eines Kuckucks. (Nach einer anderen Version lebte Zeus mit ihr 300 Jahre lang in heimlicher Ehe). Nach dem Sturz des Kronos erhob er sie öffentlich zur legitimen Gattin. Man feierte eine glänzende Hochzeit. Als Hochzeitsgeschenk ließ Gaia den Wunderbaum mit goldenen Äpfeln wachsen, der am Ende der Welt neben dem Okeanus steht und von den Hesperiden bewacht wird. Ein unehelicher Sohn des Zeus, Herakles, mußte später eine Anzahl göttlicher Proben bestehen. Als elfte Probe seiner Kraft sollte Herakles die goldenen Äpfel aus den Gärten des Hesperiden holen, die Hera nach ihrer Heirat, dem hundertköpfigen Drachen Ladon, zur Bewachung übergeben hatte.
Um den Weg dorthin zu erfahren, mußte Herakles erst den Meergreis Nereus überwältigen. Dann ging er über Libyen zu Atlas. Diesen bat er, ihm drei Früchte des Wunderbaumes zu pflücken und hielt währenddessen das Himmelsgewölbe mit seinem Haupte. Er erhielt die Hesperidenäpfel und brachte sie seinem Auftraggeber Eurystheus, der sie jedoch nicht behalten durfte, da sie das Unterpfand der Unsterblichkeit waren. Athene nahm sie an sich und brachte sie wieder den Göttern zurück.«
In der Nähe der Grotten hatte die Stadt Bengasi kurz vor Ausbruch des Krieges das »Casa di Lete«, ein luxuriöses Vergnügungslokal, errichtet, an das sich herrliche Gärten anschlossen.

Zum Ausflugsprogramm der Fremden in Bengasi gehörte in Friedenszeiten auch el-Augila, obwohl es doch rund 370 km entfernt war.
Augila hat 1465 Einwohner und ist eine der ältesten Siedlungen Libyens. Die antiken Nasamoner, die Herodot erwähnte, sind die Vorfahren der Berberstämme, zu denen auch die heutigen Augulinis gehören. Die Einwohner el-Augelias sind die letzten Träger der reinen berberischen Tradition und der Berbersprache in der Cyrenaika.
In der Moschee des Ortes soll nach der Überlieferung Abdalla Ben Abi Sareh, Heerführer und Sekretär Mohammeds, begraben liegen.

El-Abiar

Tocra und Ptolemaide

Tocra ist das antike Teuchira. Die Tochter des Spartaners Auandros, Tauchira, gab der Stadt den Namen. Sie erlebte ihre Blütezeit, als sie dem antiken Städtebund der Cyrenaika angehörte.
Im Jahr 322 v. d. Z. wurde der von dem Heere Ofelas verfolgte Tibro von Bewohnern Teuchiras erkannt und dem ptolemäischen Kommandanten Epicydes ausgeliefert. Nach furchtbarer Marterung durch die Bevölkerung wurde er schließlich in Apollonia ans Kreuz geschlagen. Nachdem die Ptolemäer die Cyrenaika unter ihre Herrschaft gebracht hatten, erhielt Teuchira, nach der Frau des Ptolemäus II. Filadelfo (316 – 270 v. d. Z.), den Namen Arsinoe.
Antonius schenkte die Stadt 34 v. d. Z. der Cleopatra Selene, seiner und Cleopatras Tochter. Bis zum Jahre 30 hieß sie Cleopatris.
Später wurde die Stadt Bischofssitz. Justinian umgab die Siedlung mit einer festen Verteidigungsmauer.
Als die Araber das Land beherrschten, wurde die Gegend von berberischen Bauern bewohnt. Spätere Zeitdokumente bezeichnen das Land schon als unwirtlich.
Tocra wurde am 29. April 1913 von den Italienern besetzt.
Die vielen und guterhaltenen Mauerreste von Verteidigungsanlagen und Gebäuden der Antike machen den Ort auch heute noch interessant.

Plan der Ruinen von Ptolemaide

1 Theater
2 Westtor der Stadt
3 Die große Basilica
4 Forum
5 Zisterne
6 Via Monumentale
7 Byzantinisches Castell

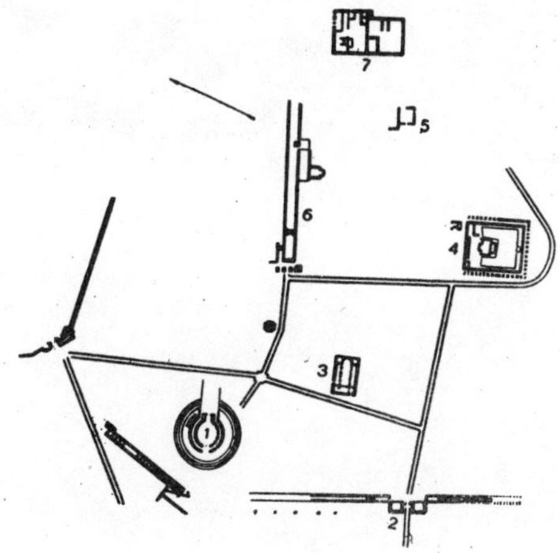

Antikes Mausoleum bei
Ptolemaide

Tocra von Süden aus gesehen

Auf der Automobilpiste erreicht man nach 40 km Ptolomaide. Ptolomaide war in der Antike der Hafen der Stadt Barce. Außer den Altertümern bietet der Ort heute nichts mehr.
Die Küste ist durch eine Reihe von Felsen geschützt. Zwischen diesen liegt in einer kleinen Felsbucht der Hafen, der jedoch nur kleineren Schiffen zugänglich ist.
Nach dem Tode Alexanders d. Gr. erreichte die Stadt unter den Ptolemäern ihre Blüte. Von Ptolemäus Filadelfo (309 – 246) erhielt die Stadt den Namen Ptolemaide. Der Wohlstand erhöhte sich noch während der römischen Kaiserzeit und dauerte bis ins IV. oder V. Jahrhundert n. d. Z. an. Die Stadt war zeitweilig die blühendste unter den Städten der Cyrenaika, 428 n. d. Z. wurde sie von den Vandalen zerstört. Justinian ließ sie von neuem befestigen. Die Stadt bildete in damaliger Zeit einen der Hauptpfeiler im Verteidigungssystem der Cyrenaika.
Der persische Einfall unter Cosroe und die arabische Invasion legten die Stadt erneut in Trümmer. Ptolemaide fand aber von sich aus wieder die Kraft zum Aufbau. In allen zeitgenössischen arabischen Geographiewerken findet man die Stadt verzeichnet.
Ptolemaide wurde 1848 von dem französischen Forscher Vitier de Bourville aufgesucht, der viele wertvolle Inschriften mitnahm und sie dem Louvre in Paris schenkte.
Als die Italiener 1913 Ptolemaide besetzten, fanden sie als einziges erhaltenes Gebäude nur die senussitische Zauia vor.

Das »Tal der Grotten« in der Nord-Cyrenaika

Derna

Derna hatte in Friedenszeiten rund 10 000 Einwohner, von denen 1272 Italiener waren. Der Rest der Einwohner setzte sich aus verschiedenen Eingeborenen zusammen.

Die freundliche Stadt liegt zu beiden Ufern des gleichnamigen Uadi. Mit ihren schneeweißen Häusern bildet sie den schönsten Kontrast zu der üppigen Pflanzenwelt der Oase und dem tiefkobaltblauen Meer. Derna wird viel als die »Perle der Cyrenaika« bezeichnet.

Da Derna unmittelbar am Steilabfall der Hochebene liegt, fehlte ihm früher die natürliche Verbindung zu dem Hinterland. Das ist auch die Erklärung, warum die Siedlung – trotz ihrer vielen klimatischen Vorzüge – nie jene große Blütezeit erreichte wie viele andere Städte der Cyrenaika, die sonst von der Natur weit weniger begünstigt waren.

Von Ptolemäus wurde Darnis (so nannte sich damals Derna) in seinem großen geographischen Werk genannt.

Erst zur byzantinischen Zeit erhielt Derna gewisse Bedeutung, als es zum Bischofssitz erhoben wurde. Bischof Theodorus – der heutige Schutzheilige der Stadt – war der bekannteste Vertreter Dernas zu jener Zeit.

In der Zeit des Schisma (zwischen den Anhängern der häretischen und orthodoxen Glaubensrichtung) entstanden auch die Felsgrotten östlich der Stadt, die damals – ähnlich wie die römischen Katakomben – Andachtsstätten waren und heute den Namen »chenise« tragen.

Eine große Zahl Flüchtlinge wanderte 1492 aus dem Königreich Granada nach hier aus. Derna erlebte dadurch einen Aufschwung. Wohlhabend wurde die Siedlung gegen Ende des XVI. Jahrhunderts, als ein gewisser Mohammed Bey (der noch heute im Volksmund der Stadt lebt) auftauchte und durch Bauten und Anlagen den Ort verschönerte.

Später wurde Derna, wie andere libysche Küstenstädte, aus Repressalie gegen die libysche Piratenschiffahrt von europäischen und amerikanischen Flotteneinheiten beschossen. Der ernsteste Zwischenfall war der mit den Vereinigten Staaten von Amerika.

1801 verhandelte der USA-Konsul mit Jussuf Caramanli, um Sicherheit vor den tripolitanischen Piratenschiffen für die USA-Handelsschiffe zu erwirken. Jussuf verlangte 400 000 Piaster, und Amerika war bereit, 120 000 Piaster zu bezahlen. Die Verhandlungen fuhren fest.
Im Mai desselben Jahres ließ Jussuf die amerikanische Flagge vom Konsulatsgebäude herunterreißen und vernichten. Am 10. Juni erklärte Amerika den Krieg. Die USA-Regierung schickte zunächst drei Fregatten unter Kommodore Richard Date, der aber nichts gegen die Befestigungsanlagen von Tripolis ausrichten konnte. 1802 wurden weitere vier Einheiten unter Kommodore Richard W. Morris entsandt, die aber ebensowenig gegen Tripolis ausrichten konnten: im Gegenteil, eines der Schiffe wurde sogar durch das gut liegende Feuer der Küstenbatterie versenkt.
Man entsandte daraufhin 1803 sieben schwere Flotteneinheiten unter Kommodore Edward Preble. Zwei seiner Angriffe scheiterten. Beim letzten Anlauf fuhr die »Philadelphia« auf eine Untiefe und mußte sich ergeben.

Im Jahr 1804 erhöhte die amerikanische Flotte ihre Anstrengungen und schickte nun 15 schwere Einheiten, die Tripolis mehrmals hintereinander beschossen, ohne jedoch irgendein praktisches Ergebnis zu erzielen. Die Amerikaner erinnerten sich nun an den Bruder Jussufs, Ahmed Caramanli. Ahmed war von seinem Bruder entthront und dauernd verfolgt, so daß er sein Heil in einer Flucht nach Ägypten suchen mußte. Ahmed war froh, endlich eine Gelegenheit zur Rache gefunden zu haben und schloß sich den Amerikanern an.

Man stellte eine Expedition zusammen, die unter dem Kommando von W. Eaton stand. Am 8. März 1805 setzte sich dieses Expeditionskorps von Burg el'Arab (etwa 50 km von Alexandrien entfernt) in Marsch. Nach einer Unzahl von Schwierigkeiten und Zwischenfällen gelangte man am 25. April nach Derna, das gleichzeitig von der See und vom Lande aus angegriffen wurde und sich am 26. April ergab. Die Amerikaner verstärkten die Verteidigungsanlagen der Stadt, bauten ein Fort und waren so in der Lage, einem Angriff der Jussuf'schen Streitkräfte am 13. Mai und 1. Juni standzuhalten.

Inzwischen waren Friedensverhandlungen aufgenommen worden, die auch schnell zum Abschluß eines Vertrages führten. Beide Teile sahen ein, daß ein Krieg doch zu viel Geld koste. Am 13. Juni verließen darauf die amerikanischen Streitkräfte Derna auf dem Seewege. 1815/16 brach die Pest aus und entvölkerte in kurzer Zeit die Stadt derart, daß die Einwohnerzahl von 7000 auf noch nicht 500 heruntersank. Trotz seiner klimatischen und sonstigen Vorzüge erholte sich Derna nicht mehr bis zur heutigen Zeit.

Heldenfriedhof von Derna

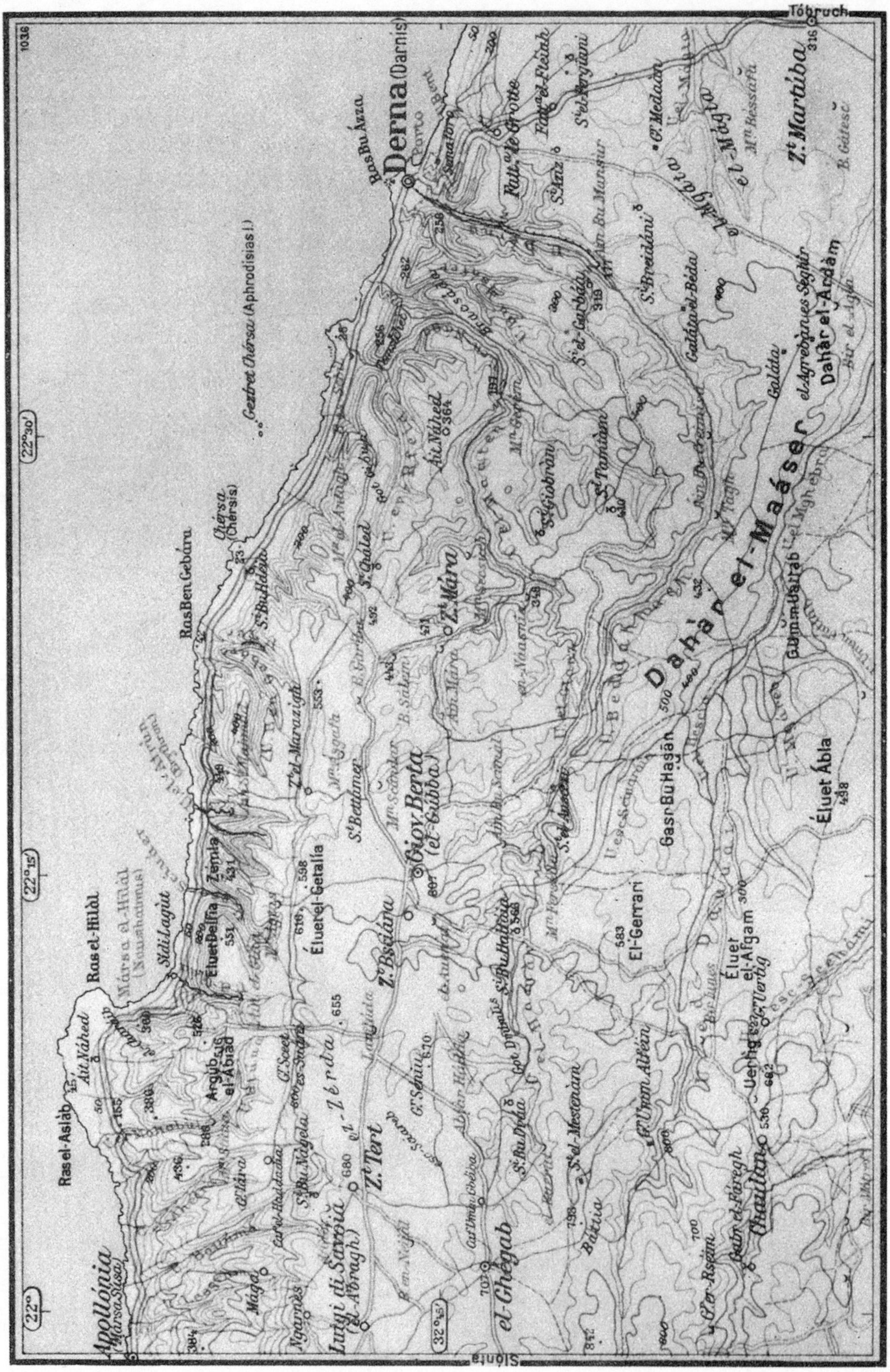
Tóbruch
Derna (Darnis)
Ras Bu Ázza
Gezíret Chérsa (Aphrodisias I.)
Chérsa (Chersis)
Ras Ben Gebára
Ras el-Hilál
Apollónia
Siónta
22°
22°15'
22°30'
32°45'
Giov. Berta (el-Gubba)
Luigi di Savoia (el-Abragh)
el-Ghegab
Zt Tert
Zt Bsciára
Zt Mára
Éluet el-Getalía
El-Gerrari
Gasr Bu Hasán
Éluet Ábla
Éluet el-Afgam
Chaulán
Dahar el-Maáser
Dahar el-Ardám
Zt Martúba
el-Mógta

Zu Beginn des italienisch-türkischen Krieges besetzten die Italiener sofort Derna, schon um die zahlreichen italienischen Kolonisten zu befreien, die hier gefangengehalten wurden. Die ersten italienischen Soldaten landeten am 17. Oktober 1911. Derna war besetzt, aber auf dem dahinterliegenden Hochland dauerten noch lange die Kämpfe mit den Streitkräften Enver Beys an.
Nach der italienischen Besetzung wurde in jahrelanger Arbeit die Stadt verschönert und ausgebaut. Man konnte vor dem Ausbruch des zweiten Weltkrieges wieder von einer neuen Blütezeit sprechen, insbesondere die Anlage der Serpentinenstraße, die die Via Balbia auf die Hochebene leitete, gab Derna endlich jene Verbindung mit allen großen Karawanenstraßen, die vorher fehlten und die Entwicklung der Siedlung verhinderten.

Karte der Gegend
Apollonia – Derna

Das »weiße Haus« von Tobruk

Deutsche Kolonne stößt durch
eine feindliche Linie

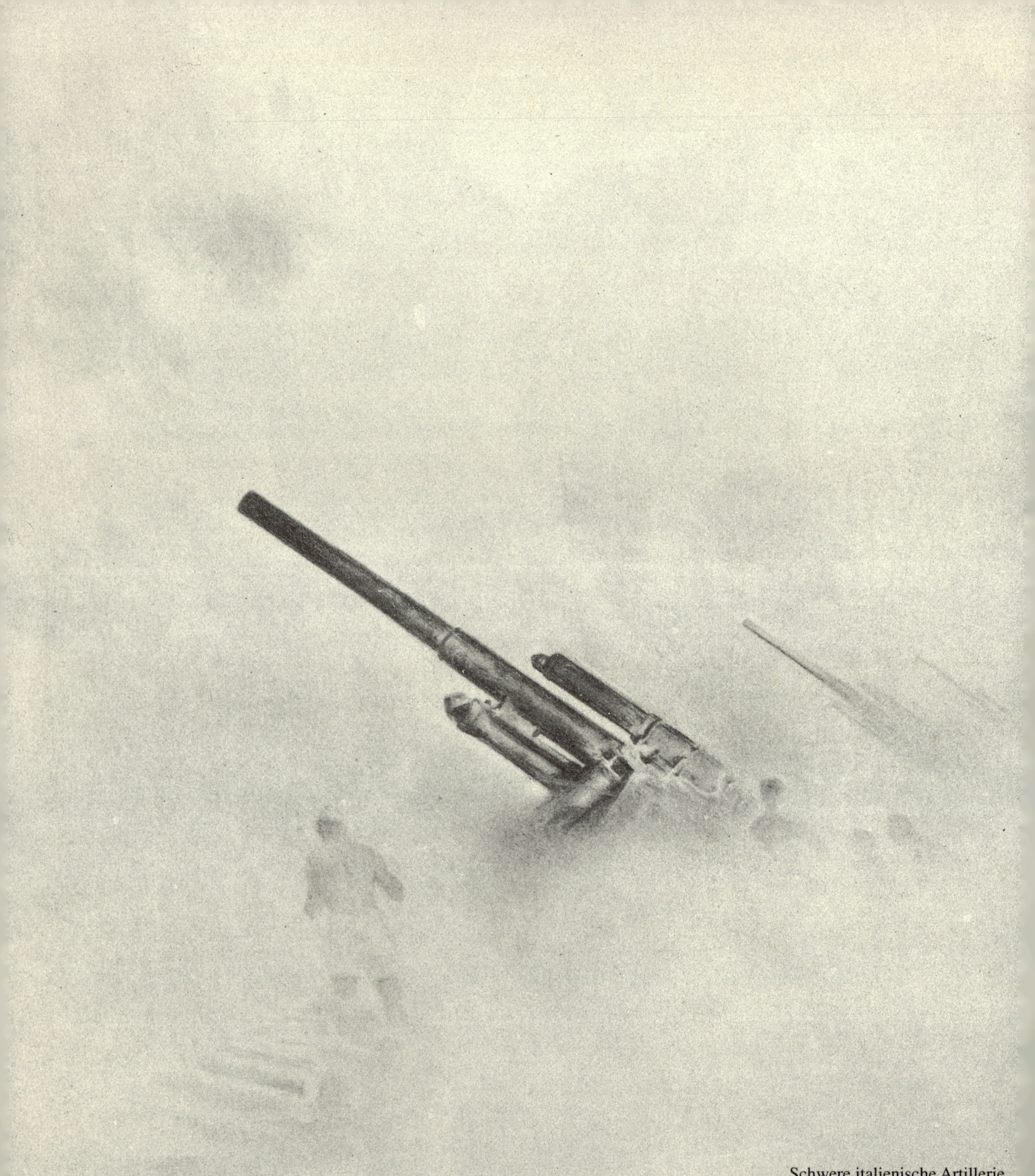

Schwere italienische Artillerie
im Kampf während des Ghibli

»Mark II« greifen italienische Stellungen an

Italienische P. A. K.-Stellung in
Erwartung des anrollenden
Gegners

Stukas greifen feindliche motorisierte Streitkräfte an

Bardia

Das zweite Halbjahr

Während sich die deutschen und italienischen Divisionen zum Angriff auf Tobruk bereitstellten, brach der Engländer mit 5 Divisionen aus dem Raum ostwärts Sidi-Omar und Maddalena zum Angriff vor, mit der Absicht, die Sollumstellung zu überrennen und mit der Masse seiner Panzerkräfte von Maddalena aus auf Tobruk vorzustoßen, sich mit der Besatzung von Tobruk zu vereinigen und die Achsenstreitkräfte im Raum Sollum – Sidi-Omar – Bir el-Gobi einzuschließen und zu vernichten, um sodann über die Cyrenaika auf Tripolis vorzustoßen und die gesamte Mittelmeerküsten in seinen Besitz zu bringen.
Die Nordgruppe lief sich bald an der Sollumfront fest. Die mittlere Gruppe gelangte unter Umgehung von Sidi-Omar bis nach Capuzzo, und die Südgruppe stieß auf ihrem Weg nach Tobruk auf die vereinten Panzerkräfte des Deutschen Afrikakorps und des italienischen motorisierten Korps.
Am 19. November 1941 trat eine deutsche Panzerdivision zum ersten Male in Gefechtsberührung mit feindlichen Panzerkräften bei Gabr-Salé, wobei das Panzerregiment des Oberstleutnant Stephan 35 Panzer (Mark II) vernichtete.
Am nächsten Tage gelang es Teilen einer englischen Division bis an den Gebelrand südlich Tobruk vorzustoßen. Das Deutsche Afrikakorps griff diesen Feind im Rücken an und vernichtete zahlreiche Panzer und Batterien des Feindes. Der Gegner führte weitere starke Kräfte mit zahlreichen Panzern aus Richtung Maddalena heran, die durch geschicktes Manövrieren am 22. November erneut im Rücken angegriffen wurden. Dieser Angriff führte zur Vernichtung der 4. englischen Panzer-Brigade im Raum südostwärts Sidi-Rezegh (Bir Sciaf-Sciuf). Während dieser Kampfhandlungen wehrte die italienische Panzerdivision »Ariete« in der Gegend Bir el Gobi starke feindliche Angriffe mit Erfolg ab und vernichtete zahlreiche feindliche Panzerspäh- und Panzerkampfwagen.
Die auf Sidi-Rezegh durchgebrochenen Feindkräfte hatten am 23. November den Raum zwischen Bir el-Gòbi und Bir bu-Creimisa erreicht und wurden an diesem Tage in Flanke und Rücken durch die Divisionen des Deutschen Afrikakorps und die italienische Panzerdivision »Ariete« unter Zusammenfassung der gesamten deutsch-italienischen Panzerkräfte in der denkwürdigen Panzerschlacht vom »Totensonntag« eingeschlossen und größtenteils vernichtet. Nur geringe Teile des Feindes konnten die Umklammerung durchbrechen und nach Süden Anschluß an die immer in größeren Massen heranströmenden englischen Reserven gewinnen.

Am 24. November traten die deutschen und italienischen Truppen zur Verfolgung des geschlagenen Feindes in Richtung Sidi-Omar an, mit der Absicht, die bereits völlig eingeschlossene Sollumfront zu befreien. Bereits am Abend des 24. November stand eine deutsche Panzerdivision ostwärts des Halfayapasses südlich Sidi-Omar. Am 25. November wurde Sidi-Omar angegriffen und der Durchbruch vom Halfayapaß über Capuzzo auf Bardia vollzogen.

Am 26. November kämpfte eine deutsche Panzerdivision gegen die neuseeländische Division bei Sidi-Azeiz, wobei eine neuseeländische Brigade gefangengenommen und 35 Panzerkampfwagen Mark II abgeschossen wurden.

Während dieser Kampfhandlungen hatte der Engländer weitere Kräfte in Richtung Tobruk herangeführt, denen es gelungen war, sich mit der Besatzung von Tobruk zu vereinigen. Damit waren die an der Sollumfront kämpfenden deutsch-italienischen Streitkräfte von ihren Versorgungsstützpunkten nach Westen abgeschnitten. Es kam nun darauf an, die Verbindung wieder herzustellen und nach Westen durchzubrechen.

Am 27. November griffen die deutschen Panzerdivisionen zusammen mit der italienischen Division »Ariete« entlang des Trigh-Capuzzo nach Westen an und erzwangen nach schwierigem Kampf den Gebelanstieg südlich Gambùt. Beim weiteren Vorstoß nach Westen gelang es am 29. November die wichtigsten Höhenstellungen auf dem Tuta nach hartem Kampf zu nehmen, die Achsenstraße zu gewinnen und die Feindkräfte, die sich mit der Besatzung von Tobruk vereinigt hatten, zu zersprengen.
Am 30. November wurde der Bellamet genommen und damit die Verbindung zur 90. leichten Division hergestellt, die im Raum ostwärts und südlich Tobruk dem Feind heldenhaften Widerstand geleistet hatte.
Anfang Dezember führte der Feind weitere Kräfte von Süden gegen den Rücken der deutsch-italienischen Divisionen heran und versammelte eine neue Kräftegruppe im Raum von Bir-el-Gòbi mit der Absicht, von dort weiter nach Westen ausholend, den Raum westlich von Tobruk zu gewinnen und die um Tobruk kämpfenden Achsenstreitkräfte einzukesseln und zu vernichten.
Gegen die Gruppe Gòbi wurde das Deutsche Afrikakorps eingesetzt. Bereits am 3. Dezember vereinigten sich die deutschen Angriffsspitzen mit den nördlich Gòbi eingesetzten Jungfaschisten-Bataillonen, die dem stark überlegenen Feind im tapferen Ausharren erfolgreichen Widerstand geleistet hatten. Da der Feind erneut starke Kräfte heranführte und kein weiteres Ausholen nach Westen befürchtet werden mußte, wurden die italienischen Belagerungstruppen von Tobruk nach Westen in die Gazala-Stellungen zurückgenommen. Das Deutsche Afrikakorps deckte, zusammen mit dem italienischen motorisierten Korps, die Südflanke und hielt in schwierigen Kämpfen – dem Feind schrittweise ausweichend – so lange stand, bis die Gazala-Stellung erreicht war.

Englischer Panzerangriff bei Segnali

Diese Stellung wurde vom 12. Dezember ab von den zusammengefaßten englischen Divisionen frontal und von den Panzerkräften umfassend angegriffen. Aus der Stellung heraus unternahm das Deutsche Afrikakorps mit beweglichen Kampfgruppen zahlreiche Angriffe mit begrenztem Ziel und fügte dem Feind schwere Verluste zu. Starke Teile der englischen Garde-Brigade, die tief in die Gazala-Stellung eingebrochen waren, wurden am 15. Dezember vernichtet. 1000 Gefangene, darunter der Brigade-Kommandeur, wurden eingebracht, 30 Geschütze sowie 300 Lastkraftwagen erbeutet und 30 Panzer abgeschossen.
Am gleichen Tage gelang es, den Angriff der 22. englischen Panzerbrigade gegen den Rücken des Deutschen Afrikakorps mit geringen Mitteln abzuwehren und weitere 20 Panzer abzuschießen. Der Engländer führte jedoch immer neue Kräfte von Osten heran und beabsichtigte, in einer größeren Umfassungsbewegung nach Westen vorzustoßen. Dieser drohenden Gefahr wich die Panzergruppe am 17. Dezember, beginnend über el-Mechili und el-Abilàr, sowie entlang der Küstenstraße in den Raum Bengasi-Agedabia aus, wo die 90. leichte Division bereits eine Auffangstellung bezogen hatte. Die Ausweichbewegung war am 21. Dezember beendet, wobei das italienische motorisierte Korps mit der Aufgabe der Nachhut betraut, dem Feind tatkräftigen Widerstand entgegensetzte; nachdem Bengasi mit seinen riesigen Vorratslagern völlig geräumt war, wurde die Stadt aufgegeben.
Das Deutsche Afrikakorps und italienische Mot.-Korps stellten sich im Raum südostwärts Agedabia zur beweglichen Abwehr bereit, die nicht motorisierten deutschen und italienischen Truppen bezogen beiderseits Agedabia eine Verteidigungsstellung.

Die Panzer der italienischen Division »Ariete« im Angriff

Der Feind, der anfänglich nur zögernd gefolgt war, trat am 28. Dezember mit starken Panzerkräften aus dem Raum Andelat-Msùs zur Entscheidungsschlacht – wie Churchill im Unterhaus öffentlich bekanntgab – gegen die deutschen Kräfte zwischen Haseiat und Agedabia an. In dreitägiger Panzerschlacht wurde die Masse der feindlichen Kampfwagen durch geschicktes Operieren des Deutschen Afrikakoprs und des italienischen Mot.-Korps vernichtet. 136 Panzer wurden abgeschossen, 30 Feindpanzer konnten nach Osten entkommen.
Damit kam die englische Gegenoffensive zum Stehen. Es war den Engländern, trotz ihrer unerhörten materiellen Überlegenheit nicht gelungen, die Achsenstreitkräfte zu vernichten. Im Gegenteil, durch elastische und bewegliche Kampfführung wurden dem Feind gewaltige Verluste zugefügt, die eigene Kampfkraft dagegen, trotz erheblicher Ausfälle, im wesentlichen erhalten.
Die Engländer hatten ihr Operationsziel Tripolis nicht erreicht.

Stellungswechsel einer schweren Flak auf einem Schlachtfeld in der Cyrenaika

Vorgeschobene schwere M.G.-
Stellung in der Cyrenaika

Nachtgefecht in der Wüste

Italienische Infanteristen
erwarten die Infanteriespitzen
des Gegners

Transport-Ju's 52

Die zerschossene Kirche von Bardia. Direkt dahinter das Häuschen, in dem zeitweilig der Befehlshaber des D. A. K. sein Quartier hatte.

Die Küste von Bardia

Die sogenannte »Badebucht«
von Bardia

Flak und Fahrzeuge auf der
Steilküste von Bardia

Das hartumkämpfte Fort Capuzzo, nach den Sommerkämpfen 1941

Erledigte Mark II vor Capuzzo

Die ersten Häuser von Ober-Sollum

Panzer III brechen durch

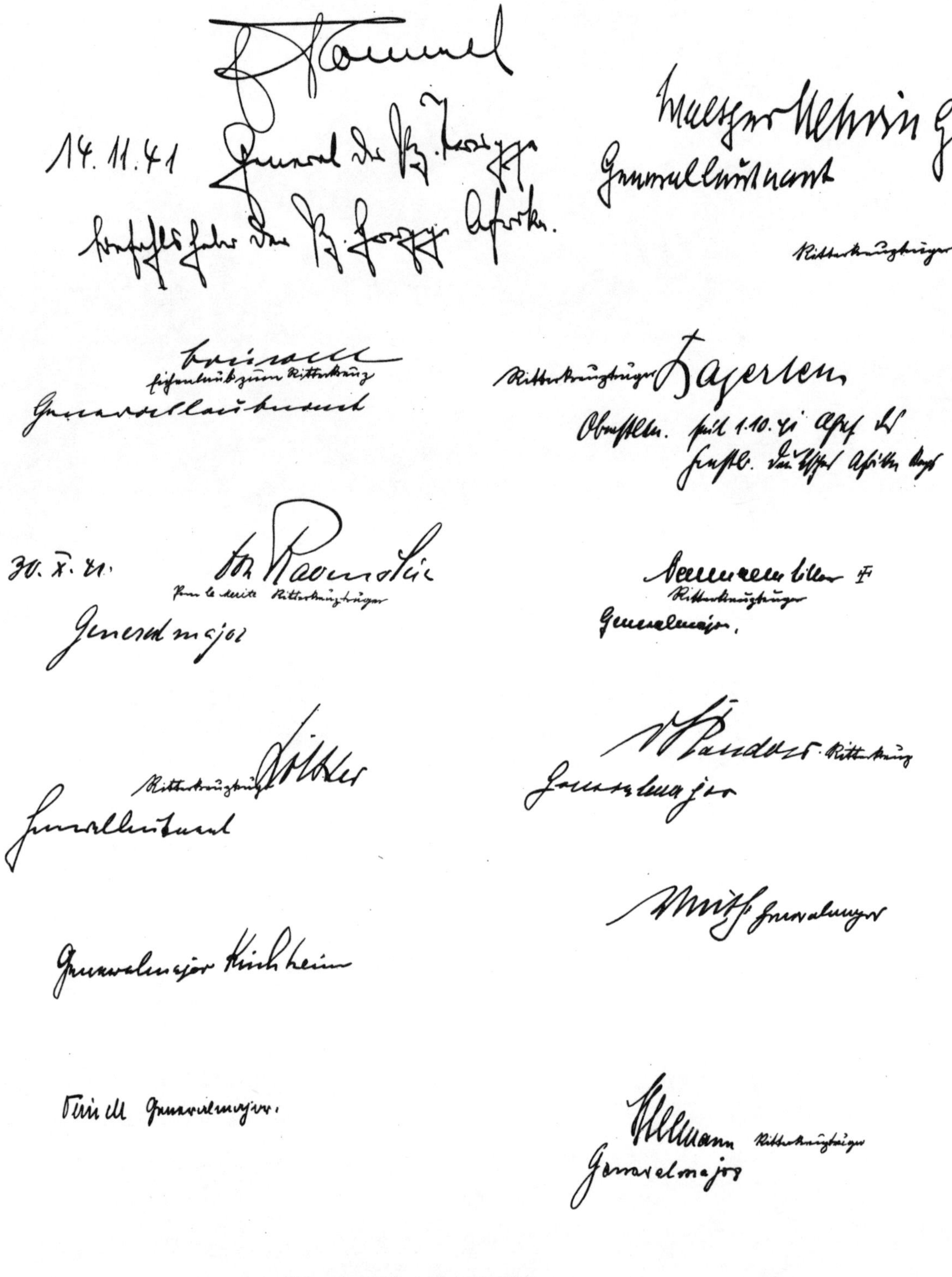

Unterschriften im Faksimile
der Führer und Ritterkreuz-
träger des D. A. K.

Italienische Infanterie im
Gegenstoß

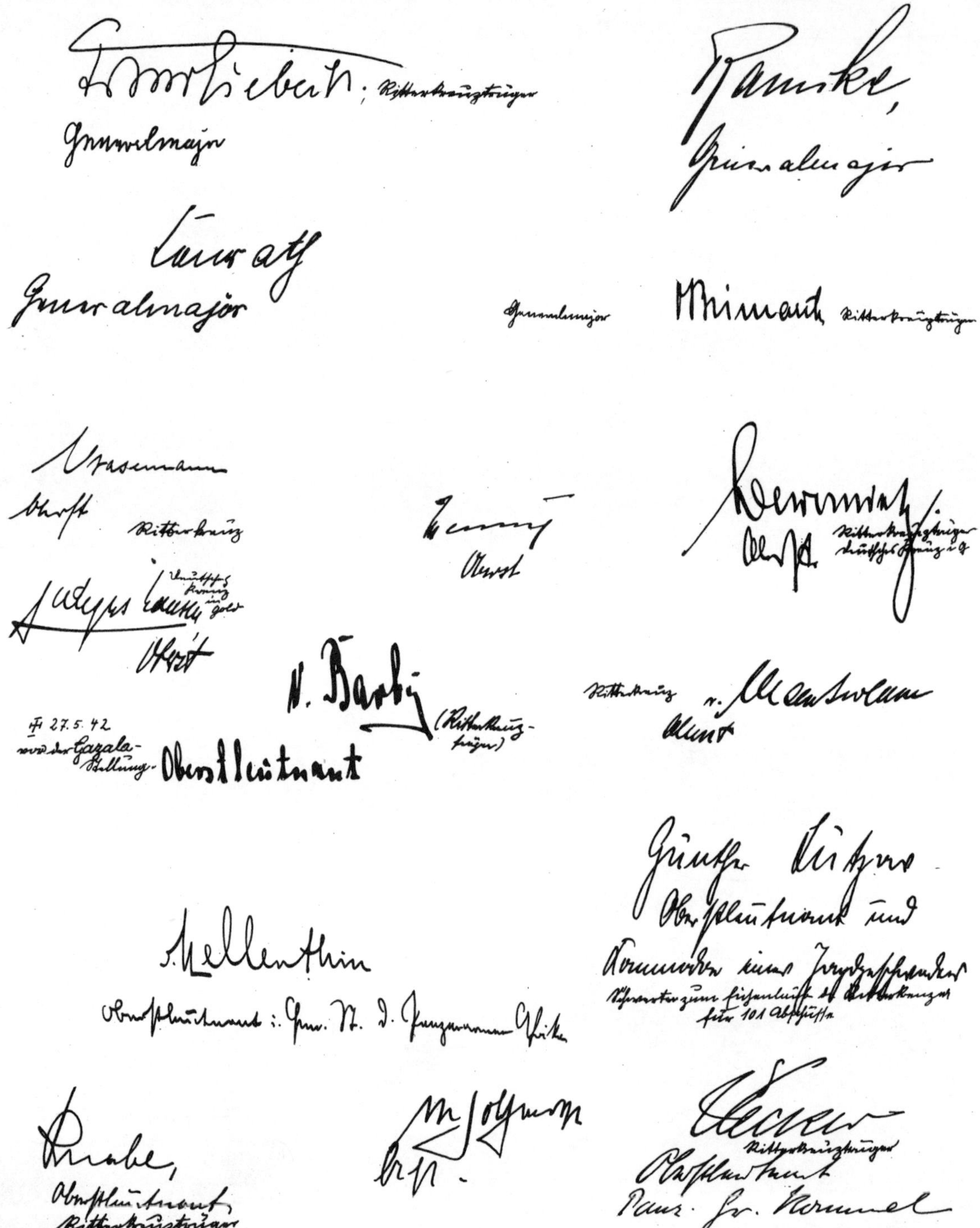

Unterschriften im Faksimile
von Führern und Ritterkreuz-
trägern des D. A. K.

Momente höchster Nervenanspannung: Der Feindangriff ist im Rollen

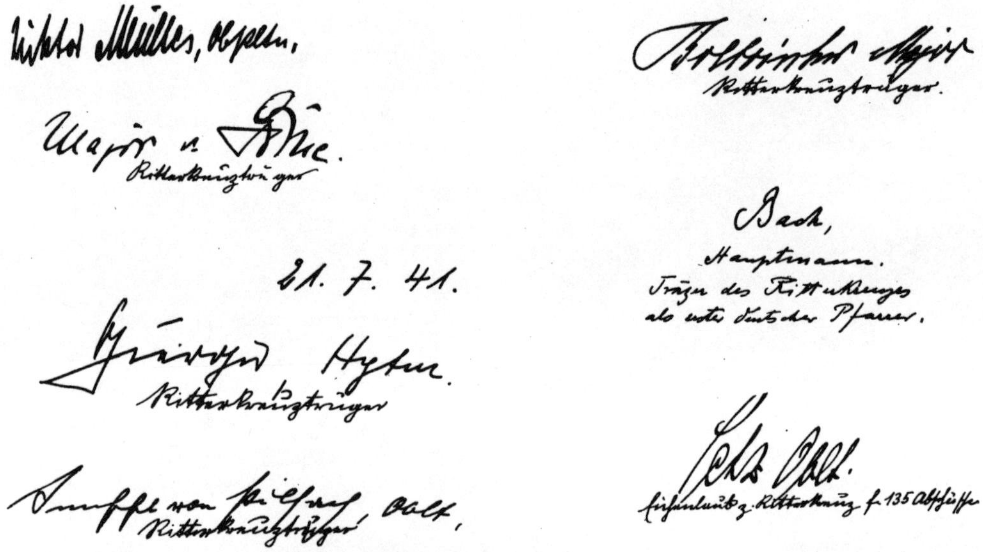

Unterschriften im Faksimile
von Ritterkreuzträgern
der Panzerarmee und des
Deutschen Fliegerkorps
in Afrika

F. W.-Zerstörer vernichtet Spitfire

Zusammengebrochener
englischer Angriff auf dem
Halfayapaß

Blick von der Serpentine
Ober-Sollum auf den Golf und
den Hafen

Nieder-Sollum

Die Eisfabrik vor Sollum

Gesamtansicht des
Halfayapasses

Reste eines englischen Angriffes zwischen Halfayapaß und Stacheldraht

Die Kolonisierung Libyens

Die ersten Versuche landwirtschaftlicher Kolonisierung in Libyen durch Italien gehen bis in die Zeit der Türkenherrschaft zurück. Es war die Banca di Roma, die mit ihren Krediten den Versuch machte, italienische Kolonisten auf libyschem Gebiet anzusiedeln. Es war ein Versuch mit wenig praktischen Ergebnissen.

Sofort nach der Besetzung Libyens durch Italien übernahmen gutwillige Kolonisten aus dem Mutterlande – durch Kauf oder Pacht – mehr oder minder große Grundstücke, die sie urbar machten.

Um von staatlicher Seite aus die Siedlung auf breite Basis zu stellen, wurde 1914 in Tripolis das Kgl. Landwirtschaftliche Institut gegründet. Die Hauptaufgabe dieses Institutes bestand vorerst darin, große Landstriche so urbar zu machen, daß sie parzelliert an Kolonisten oder Kolonistengemeinschaften weitergegeben werden konnten.

Das Arbeitsprogramm war aber so gewaltig, daß dessen Verwirklichung infolge der ungeheuren Schwierigkeiten nur langsam vorwärts schritt. So konnten 1914 und 1915 nur 88 Parzellierungen mit einer Ausdehnung von 2495 ha an Siedler oder Konzessionäre abgegeben werden. Als Italien in den ersten Weltkrieg eintrat, wurden alle diese Arbeiten unterbrochen und erst 1922 wieder aufgenommen, d. h. also bis der Faschismus sich energisch für eine systematische Kolonisierung einsetzte, die bis zum Ausbruch des zweiten Weltkrieges mit Konsequenz durchgeführt wurde.

Die technische Seite des Kolonisierungsproblems zeigte drei gut zu unterscheidende Phasen der Entwicklung:

1) Die Verstaatlichung von Ländereien oder deren Ankauf durch den Staat.
2) Die richtige Verteilung des staatlichen Grundbesitzes.
3) Die technische und finanzielle Hilfe an die Kolonisten.

1) Die Bildung des staatlichen Kolonial-Grundbesitzes

Vor der Machtergreifung des Faschismus ging man von dem Standpunkt aus, daß der Boden, auch wenn er nicht kultiviert oder bebaut ist, als privates Eigentum anzusehen sei, und man ließ daher bei den Grundbucheintragungen Zeugenproben zu. Daher kam es, daß der staatliche Grundbesitz sich nur über unbedeutende Strecken ausdehnte. So fehlte zur Verwirklichung einer systematischen Kolonisierung die Voraussetzung: die Verfügungsberechtigung über die dazu notwendigen Grundstücke.

Ab 1922 ging man jedoch von dem Standpunkt aus, daß alle noch nicht kultivierten Landstriche als Staatseigentum betrachtet werden. Als Ausnahme ließ man Privatbesitz nur da gelten, wo dieser mit rechtlich einwandfreier Dokumentierung nachgewiesen werden konnte.

So begann eine ungeheuere Arbeit für das Ufficio Fondario der Regierung. Es war wohl die verwaltungstechnisch größte Anstrengung, die je in Libyen vorgenommen worden war.

Das System der Grundstückseinziehung hat sich in den folgenden Jahren politisch wie juristisch in jeder Hinsicht als zweckmäßig erwiesen.

Juristisch: weil Streitfragen von vornherein vermieden und ein einwandfreier klarer Aufbau der Grundbucheintragungen gewährleistet war.
Politisch: da man zu einem gegenseitigen Vertragsabschluß gelangte, ohne störend das Eingeborenen-Element anzutasten.

2) Die Parzellierung der staatlichen Grundstücke

Die Parzellierung stellte die Regierung vor außerordentliche Probleme, da die Verteilung nicht nach einem einheitlichen Schema vorgenommen werden konnte. Man nahm die Unterteilung so vor, daß jeder Kolonist einen gewissen Prozentsatz guten Bodens und einen Teil weniger guten Terrains in jenen Gegenden erhielt, wo die Bodenbeschaffenheit sich sprunghaft innerhalb kleiner Zonen ändert.
Eine Hauptsorge mußte weiter die Verkehrsfrage bilden, denn jeder Kolonist sollte leicht die Eisenbahn oder eine Verkehrsstraße erreichen können.
Die großen halbstaatlichen Musterfarmen, die da und dort entstanden, konnten mit großen Mitteln arbeiten – was hier wesentlich war – auf lange Sicht. Auf lange Sicht konnte aber der Kleinsiedler nicht arbeiten, ohne schnell in Kreditschwierigkeiten zu geraten.
Man stand also vor der entscheidenden Frage: Große oder kleine Siedlungen?
Da nun die Tendenz auf Massenverpflanzung überschüssiger eigener Bevölkerungsteile nach Libyen immer stärker in den Vordergrund trat, hat sich die Frage von selbst erledigt. Immerhin überließ man nie den einzelnen Kolonisten sich selbst, sondern lehnte ihn jeweils an irgendeine größere Organisation an. So verband man ein Extrem mit dem anderen.

3) Die Unterstützung der Siedlerbewegung

Die Hilfe, die man den Siedlern zuteil werden ließ, war technischer, finanzieller und moralischer Art.
Jede Kolonisation ist ein künstlicher Eingriff in etwas natürlich Entstandenes. Jeder Mensch, sei er noch so anpassungsfähig, braucht eine gewisse Zeit, um sich einzugewöhnen. Erst dann ist er in der Lage, auf Grund der neuen Erfahrungen, unter geringstem Arbeitsaufwand maximale Ernteergebnisse zu erzielen.
Nun ist es aber normalerweise so, daß ein Landmann, der als Kolonist plötzlich in andere klimatische Verhältnisse verpflanzt wird, sich in wenigen Jahren mit allen neuen Anbau- und Erntemethoden vertraut machen muß.
Man muß sich vorstellen, was es heißt, wenn einfache Landleute alle Regeln und alle Arbeitsmethoden ihrer Voreltern plötzlich aufgeben müssen. Die konservativsten Menschen der Erde – die Bauern – müssen alles ablegen, was bisher ihre Vorstellungswelt bedeutete. Regeln, die auf Heimatboden den Segen einer guten Ernte beinahe garantieren, können hier auf kolonialem Boden geradezu das Gegenteil bedeuten.
Der Erfolg, der einem großzügigen Kolonialisierungsversuch beschieden sein soll, hängt also zum Teil von der Schnelligkeit ab, mit der die innerliche und praktische Umstellung des Einzelkolonisten bewerkstelligt werden kann.

Über die praktischen Erfahrungen experimentellen Probe- und Studienanbaues hinweg erfolgte die Schulung zahlloser Fachberater, die dann Tag für Tag dem Neusiedler zur Seite stehen. Unter den Experimentalpflanzungen dieser Art ist das »Istituto Sperimentale Agrario di Sidi Mèen« eines der bisher erfolgreichsten gewesen.

Die Auswahl der Kolonisten oblag einer Sonderbehörde in Italien, (»Commissariato per le emigrazione e per la colonizzazione interna« – Emigrations-Kommissariat für innere Auswanderung) die ihren Hauptverwaltungssitz jedoch in Tripolis hatte.

In Libyen wurde 1934 eine Berufsgenossenschaft ins Leben gerufen, (»Associazione Sindacali dell' Agricoltura«) der alle landwirtschaftlich Schaffenden unterstehen und der auch die geistige wie materielle Betreuung der Kolonisten obliegt.

Am 12. Juli 1923 wurde die tripolitanische Sparkasse (»Cassa di Risparmio della Tripolitania«) gegründet, die kurz vor Ausbruch des zweiten Weltkrieges mit der Sparkasse der Cyrenaika zu einem Institut, der »Cassa di Risparmio della Libia«, zusammengefaßt wurde.

Mit Hilfe dieses Institutes verschaffte sich die Regierung alle Agrarkredite, die zur Durchführung und Ergänzung der großen Planungen notwendig waren. Die Libysche Sparkasse hatte vor dem Kriege allen Aufgaben in steigendem Maße gerecht werden können. Die Anpassung des Kreditinstitutes an die regionalen Erfordernisse erwähnt besondere Beachtung.

Die Kasse hat allein 1934 an Landwirte und landwirtschaftliche Konzessionäre 98 513 235,– Lire an Krediten ausgezahlt (74 530 450.– Lire an direkten Agrakrediten; 2 913 200.– Lire an Krediten für Agrarverbesserungen; 21 069 585,– Lire für Gewerbekredite).

Die Regierung hatte außerdem 1932 für die Kolonisten eine besondere Kreditvergünstigung geschaffen, das »Prestito grazioso«, das waren zinslose Anleihen, die zur Hebung und Unterhaltung neuangelegter Pflanzungen dienen sollten. Allein unter dieser Bezeichnung wurden bis 1934 10 885 310.– Lire ausgezahlt.

Die außergewöhnlich trockene und regenlose Periode 1935/36 stellte viele an sich gute und gesunde Pflanzungen vor den wirtschaftlichen Zusammenbruch. Die Regierung gewährte damals wieder eine neue zinslose Anleihe in Höhe von 300.– Lire für jeden Hektar angebauten Landes. So wurde diese Krise verhältnismäßig leicht von den Kolonisten überwunden. An freien Staatszuschüssen zahlte die Regierung bis 1934 weitere 51 587 922.– Lire aus. In den darauffolgenden Jahren unterstützte der Staat mit immer größeren Summen die Kolonisten, immer in der Überzeugung, daß in wenigen Jahrzehnten die aktiven Ergebnisse mit Zinseszins in das Mutterland zurückfließen würden. Der Krieg hat dieser Entwicklung sehr geschadet. Trotzdem weiß man, daß nach Beendigung des großen Konfliktes von neuem da weitergebaut wird, wo Ereignisse stärker waren als menschlicher Aufbauwille.

Schwerer Panzerspähwagen
bei Sidi Suleiman

Stehender deutscher Spähtrupp
bei Sidi Suleiman

Einer der charakteristischen
»Uadi [Wadi]«

Stützpunkt »Cirener«

Italienisch-deutsche Stellungen in der Einöde der ägyptischen Wüste

Italienische Jäger im Tiefangriff

Küchenbetrieb in einem
vorderen Stützpunkt

Landser machen es sich bequem

Daß sich die Regierungsmaßnahmen natürlich nicht nur auf Kreditmaßnahmen beschränkten, ist klar. Alles nur Erdenkliche wurde getan, um den Lebensstandard des einzelnen Siedlers weiterhin zu heben.

Jährlich wurden Hunderte von Siedlergruppen neu eingesetzt und Zehntausende von Hektar Steppenland urbar gemacht. In wenigen Jahren hat man so die Grundlagen zu landwirtschaftlichem Reichtum gelegt, der innerhalb weniger Jahre die ökonomische Gesamtlage der Provinz stark beeinflußt hat.

All das, was man bis jetzt geschaffen hatte, mußte man aus dem Nichts schaffen.

Ein Gebiet von rund 60 000 ha ist heute an die Siedlungshöfe verteilt.

Große unbebaute Flächen und Dünengebiete, von denen man annahm, daß hier jede Mühe vergeudet sei, sind heute mit einer gesunden Vegetation bedeckt (Weinreben, Olivenbäume, Aufforstung mit verschiedenen Nutzhölzern, Fruchtbäumen und Gartenanlagen) und geben Tausenden von ausgewanderten italienischen Bauern Arbeit und Brot.

Besonderen Auftrieb hat die Pflanzung von Olivenbäumen, Weinreben und Mandelbäumen erfahren. Diesen Pflanzen gab man schon gleich zu Anfang der Erschließungstätigkeit den Vorzug, da sie sich gut und schnell an das libysche Klima gewöhnen und prächtig gedeihen.

Die meisten dieser Neusiedlungen sind noch dabei, ihre Ländereien voll urbar zu machen. Die cyrenaischen Siedlungen liegen alle in klimatisch günstigeren Zonen, die sich in vier Hauptzentren teilen.

Das erste Kolonistenzentrum liegt im Bengasi; das zweite auf der ersten Gebelstufe zwischen El-Abilàr und Barce; das dritte in der Barce-Ebene und das vierte im Cirenegebiet, aber auch andere Zonen weisen noch einzelne Agrarunternehmen auf.

Die Gegend, die als hauptsächlichstes Kolonisationsgebiet den größten Zustrom italienischer Bauern hat, ist die Zone der »villagi rurali«. Diese »villagi rurali« sind kleine Dorfzentren, die alle Einrichtungen besitzen, die eine Landbevölkerung nötig hat: eine Post, eine Polizeistation, ein Casa del Fascio, eine Kirche, ein Ambulatorium, einen Sportplatz, ein Rathaus, ein Kino, ein Restaurant u. s. w.

Das Hauptzentrum unter diesen Neusiedlungen ist Barce. Andere wieder sind in ihrer Eigenart und Lage charakteristisch wie Sidi Mabius, el-Guarscia (10 km südlich von Bengasi), el Cuf, Cirene, Luigi Savoia und Giovanni Berta (an der Straße Cirene-Derna).

Die bedeutendsten privaten Großsiedlungen und Güter sind die Besitzungen der Società Agraria Industriale in Er-Rahaba bei Bengasi, die Fattorie Generale Borghi in El-Abiàr, die Güter des Baron Potara in Sidi Mahius und die der S. A. C. in der Barce-Ebene.

Die bedeutendste Arbeit wurde jedoch von der »Ente per la Colonizzazione della Libia« geleistet, über die auch zum Teil die Massenzuwanderung italienischer Bauernfamilien geleitet wurde.

Piste und Stacheldraht bei Sidi Omar

Die meisten dieser Siedler stammen aus Sizilien und den süditalienischen Provinzen. Anfänglich arbeiten diese Bauern in Abhängigkeit von der »Ente 3«, werden aber im Laufe der Jahre Eigentümer der von ihnen bestellten Landflächen.

Die Kolonisationspropaganda, sowie die Betreuung der Kolonisten jener Gegenden ist dem »Ufficio dei Servici Agrari« anvertraut. Die Dienststelle, die zusammen mit der Libyschen Geologischen Landesanstalt arbeitet, hat außerdem die Aufgabe, durch experimentellen Anbau verschiedener Pflanzen, sowie durch Zuchtställe, die besten Voraussetzungen für die praktische Arbeit der Kolonisten zu schaffen.

2000 Jahre Libysches Kriegsschicksal

Die Ureinwohner Libyens wurden »libi« genannt. Durch Herodot kennen wir eine lange Reihe von Namen damaliger Stämme und Einzelnamen, die uns heute jedoch nichts mehr sagen, da wir sie nicht mehr in irgendeinem geschichtlichen Zusammenhang sehen können.

In vorgeschichtlicher und urgeschichtlicher Zeit erfolgte dann eine Umschichtung der Rassenverhältnisse an der nordafrikanischen Küste. Plötzlich sprechen die Urkunden von Berbern. Die Berber scheinen Nomaden mit geringer Eigenkultur gewesen zu sein, die ihre Tage so verlebten wie ihre wenigen Nachfahren heutzutage: Zeit bedeutete nichts, und die Lebensbedürfnisse sind nur dazu da, befriedigt zu werden.

Die geschäftstüchtigen Phoenizier erkannten bald die Möglichkeiten dieses vollständig »unbearbeiteten« Gebietes und versuchten zunächst, die Produkte des Landes gegen ihre Waren und Kunstgegenstände einzutauschen. Der Versuch gelang, und so lohnte es sich bald, feste Landeplätze und Verkaufsemporien [Handelsplätze mit Verkaufsständen] anzulegen. Viele dieser Küstensiedlungen gewannen schnell an Bedeutung, und in wenigen Jahrzehnten kristallisierten sich schon jene Zentren heraus, die Jahrhunderte hindurch geschichtsgestaltend wurden. Zu diesen Ursiedlungen gehörte auch Libqu, das später die Römer Leptis nannten und die Geburtsstadt eines Imperators wurde.

Karthago war lange Zeit Herrin des Mittelmeeres, bis es 146 v. d. Z. Rom endlich gelang, diese Vorherrschaft endgültig an sich zu reißen. Der Rivale war damit zwar aus dem Wege geräumt, Rom war aber damals noch nicht in der Lage, das politische und kulturelle Erbe Karthagos auch praktisch anzutreten und überließ zunächst Nordafrika seinem eigenen Schicksal. Die Numiderkönige ließen sich die Gelegenheit nicht entgehen und errichteten eine Gewaltherrschaft, unter der die eingeborene Bevölkerung sehr litt. Ewiges geschichtliches Gesetz erfüllte sich auch damals: die unterdrückte und unzufriedene Bevölkerung wandte sich hilfesuchend an Rom.

Rom, das inzwischen schon in die Stellung einer Großmacht hineingewachsen war, gefiel sich sofort in der Rolle des großzügigen Retters und besetzte zunächst das libysche Hauptzentrum Leptis. Die Hilfe war so endgültig, daß die Garnison dort dauernd blieb: die Stadt und ihre Landbesitzungen wurden bald zur Civitas Foederata erhoben.

Nordafrika war für das damalige Rom das Land der unbeschränkten Möglichkeiten, und es kann daher kaum wundernehmen, daß von nun an ein ununterbrochener Zustrom von Kaufleuten, Siedlern und Abenteurern die Gegend überflutete. Der Verdienst war leicht, und was man sich im Mutterlande mühsam in Jahrzehnten erarbeiten mußte, erreichte man hier in der gleichen Zahl von Jahren. Libyen war Mode geworden. Dieser Zustrom von Menschen und Reichtum hatte für Rom natürlich auch seine innerpolitischen Folgen. Wohlstand und Langeweile einem Elend der Masse gegenüberge-

stellt, führte von jeher zu revolutionären Ereignissen. Es ist daher nur natürlich, daß die neubesiedelten, nordafrikanischen Besitzungen mit in den Strudel römischer Bürgerkriege hineingezogen wurden.
Damals stand Rom im Zeichen der großen Entscheidungen. Cäsar war gerade dabei, die alte republikanische Überlieferung durch die neue Formel eines Imperatorentums zu ersetzen, als Pompejus Idealismus und Eigennutz zum Kampfe gegen den Neuordner rief. Reichtum ist gegen jede Neuerung, die viele unbekannte Gefahren in sich birgt, und so schloß sich Nordafrika sofort der Bewegung Pompejus' an. Wer weniger zu verlieren hat, wagt im allgemeinen mehr. Cäsar besiegte Pompejus. Nordafrika sah sich daher vor die unerfreuliche Tatsache gestellt, seine Huldigungen dem Sieger darzubringen. Cäsar verzieh die Auflehnung Nordafrikas gegen einen Jahrestribut von drei Millionen Libbres [Pfund] Öl. Der vollständigen Inbesitznahme der nordafrikanischen Gebiete stand nur der Numiderkönig Giuba II. im Wege. Gemäß dem Grundsatz: »Laßt dicke Leute um sich sein«, wurde dieser Herrscher im Wohlleben erstickt, und dann im Jahre 25 v. d. Z. endgültig aus dem Wege geräumt.
Von diesem Augenblick an verschmolz die Geschichte Tripolitaniens mit der des römischen Weltreiches.
In Libyen bildete sich bald eine absolute Herrenschicht heraus, die in krassem Gegensatz zu den Nichtshabern der eingeborenen Stämme der inneren Wüstengebiete standen. Was lag näher als der Gedanke, sich durch Raubzüge zu verschaffen, was normales Streben nicht erreichen konnte? So dachten auch die Garamantì, die bei jeder sich bietenden Gelegenheit in die reichen römischen Siedlungsgebiete einfielen und raubten, was der Augenblick nur bot. Der Verlust an Besitz erzeugt stets und überall ehrliche Entrüstung bei dem, der augenblicklich der Leidtragende ist. Wenn der Geschädigte aber gar der Staat selbst ist, so wird moralische Entrüstung zur politischen Prestigefrage. So auch hier. Der Prokonsul L. Cornelius Balbus wurde mit der Wiederherstellung der normalen Lage beauftragt. Mit den ungeheueren Mitteln, die ihm zur Verfügung standen, vernichtete er binnen kurzem die Garamantì. Im Jahr 19 v. d. Z. feierte er in einem Triumphzug seinen erfreulichen Sieg, der den Siedlern wieder für einige Zeit Ruhe verschaffte. Sind keine äußeren Feinde vorhanden, so ärgert man sich über die Handelskonkurrenz. Damals waren es die Städte Oea (heute Tripolis) und Leptis, die nicht vertragen konnten, daß der andere reicher wurde. In Zwisten und Spitzfindigkeiten schwächten sie sich so, daß bald wieder die Nichtshaber, die Eingeborenenstämme, ihre Stunde für gekommen hielten und erst zögernd, dann immer frecher sich von neuem mit Gewalt holten, was ihnen das böse Schicksal versagt hatte. Daß dabei die Garamantis wieder im Spiele waren, läßt sich denken. Das Jahr 69 v. d. Z. war wirklich kritisch für Oea und Leptis. Eine kurze Bilanz zeigte bald, daß die Rivalität der beiden Städte äußerst verlustbringend war. Die Feststellung allein genügte, um die not-

wendige Reaktion auszulösen. Man einigte sich vorübergehend. In kürzester Frist war dann auch dieser Aufstand der Habenichtse niedergeschlagen. Für einige Zeit konnte man wieder von einer stürmischen Aufwärtsentwicklung sprechen. Sabratha, Oea und Leptis, die inmitten reicher Ländereien lagen, wurden durch Errichtung zahlreicher und grandioser Bauwerke verschönert.

Septimus Severus wurde zum Imperator ausgerufen. Was Wunder, wenn er, der in Leptis geboren, nun alles daran setzte, seiner Vaterstadt zu ungeahnter Blüte zu verhelfen. Leptis erhielt einen modernen großen Hafen und wurde so zwangsläufig zu einem der bedeutendsten Handelszentren der Antike. Die Straßen und sonstigen Verkehrsverbindungen wurden durch einen Limes (Verteidigungswall) gegen feindliche Überfälle geschützt. Um Handel und Wohlstand weiter zu sichern, wurden in Gadames, Cheria el-Garbia und Bu Ngem Militärstationen errichtet. Die gesamten Gebiete, die damals ihre Blütezeit erreichten, erhielten offiziell den Namen Tripolis und Tripolitana Regius.

Die ständige Bewegung sozialen Wohlstandes hielt bis zum IV. Jahrhundert an. Die Römer drangen kolonisierend in das Innere der Küstengebiete vor. Ein schwunghafter Sklavenhandel mit den Vorfahren der heutigen Tuareghs wurde immer mehr auf die breite Basis gestellt. Die bislang bestehenden Verwaltungseinrichtungen reichten bald nicht mehr aus, so daß sich Kaiser Diokletian gezwungen sah, eine Reform durchzuführen. Libyen wurde zur Provinz erster Ordnung erhoben.

Der Zerfall des römischen Kaiserreiches wirkte sich katastrophal in Nordafrika aus. Kaum erwies sich die Zentralgewalt als ohnmächtig, als auch programmäßig die wilden Wüstenstämme auf dem Plane waren und raubend, plündernd, sengend und mordend in Kürze das vernichteten, was Jahrhunderte vorher geschaffen hatten.

Zu allem Überfluß kamen durch das Christentum auch noch religiöse Meinungsverschiedenheiten auf. Das donatische Schisma verstärkte noch das Durcheinander, so daß kein eigentlicher Widerstandswille mehr vorhanden war, als die unverbrauchten und urwüchsigen Vandalenstämme hier Fuß fassen wollten. Im Jahre 455 n. d. Z. waren die Eroberungszüge dieses Stammes beendet.

Tripolitanien

Tripolitanien wurde damals mehr oder weniger sich selbst überlassen und nur schwach besetzt. Die Folgen waren entsprechend. Überall brachen Aufstände aus, die immer mehr einen bedrohlichen Charakter annahmen. Schließlich stellte sich den Vandalen als gefährlichster Gegner der aufständische Pudentius gegenüber, dem auch das Schlachtenglück hold zu sein schien. Pudentius sah sich schon als Sieger und Herr von Libyen, als unerwartet der byzantinische Feldherr Belisar mit seinen Truppen einfiel und dem ganzen Traum eine Ende bereitete. Belisar wollte durch die Inbesitznahme der nordafrikanischen Küste (533 n. d. Z.) die Voraussetzung schaffen, die zur Niederwerfung der Goten in Italien notwendig schien.

Der letzte Vandalenkönig Celimar stellte sich mit seiner ganzen ihm verbliebenen Gefolgschaft dem oströmischen Feldherrn entgegen. Trotz heldenhaftester Aufopferung gelang es ihm nicht, sich zu halten. Er wurde entscheidend geschlagen; mit ihm ging auch das Vandalenreich in Nordafrika zugrunde.

Kaiser Justinian reorganisierte sofort die Provinz und unterstellte sie einem Gouverneur, der seinen Sitz in Leptis hatte. Alle Städte erhielten neue Verteidigungsmauern. Neue Kirchen entstanden überall als sichtbares Zeichen einer entscheidenden psychologischen Wende europäischer Geschichte. Ostrom war aber schon überaltert und konnte nicht einem Sturm junger urwüchsiger Völker standhalten. Diesmal kam der Sturm aus dem Osten. Wüstenreiter – die Araber – hatten sich in Bewegung gesetzt und überrannten alles im ersten großen Anlauf. Bis zur Mitte des XI. Jahrhunderts war das Land so weit heruntergewirtschaftet, daß man einstigen Wohlstand nur mehr ahnen konnte.

Es waren die orthodoxen Araberstämme der Beni Hilal und der Beni Suleim, die auf Betreiben des Fatimiden-Kalifen die letzten freien Berberstämme überwältigten. Alles was noch an frühere Kultur erinnern konnte, wurde vernichtet und ausgemerzt. Man schritt nun auch zur totalen Islamisierung der Bevölkerung, die sich in Lebensart und Gewohnheiten immer mehr arabischem Brauchtum erschloß. Die Landwirtschaft wurde aufgegeben, die fruchtbaren Plantagen zerstört und die Stadtsiedlungen, soweit diese noch bestanden, dem Erdboden gleichgemacht. Nur wenige Küstenstädte, insbesondere Tripolis, konnten sich in andere Jahrhunderte hinüberretten.

Die Normannen zogen aus diesem anarchistischen Zustand ihren Nutzen. Nachdem sie die Araber aus Sizilien vertrieben hatten, suchten sie auch auf nordafrikanischem Boden Fuß zu fassen. Es gelang ihnen, um die Mitte des XII. Jahrhunderts Tripolis einzunehmen und sich dort 15 Jahre lang zu halten.

Nachdem man so alles im Lande zerstört hatte, was irgendwie Quelle eines Wohlstandes hätte sein können, sahen sich Gruppen und Grüppchen um, wo und wem man noch etwas abnehmen konnte. Da sich kein Stamm und keine Gemeinschaft kampflos das Letzte nehmen ließ, kam es zu endlosen Kämpfen um die Macht. Abenteurer und Nomadenhäuptlinge, Prinzen, Scheiche und Fanatiker versuchten immer wieder eine Zentralgewalt zu schaffen, was sogar vorübergehend einem armenischen Abenteurer Sceref Ed-Din Caracusch gelang.

Nicht genug, daß man sich gegenseitig im Lande ausplünderte: die Genuesen eroberten unter Doria 1355 Tripolis und nahmen auf ihren Galeeren mit, was nicht niet- und nagelfest war.

Da nun aber wirklich nichts mehr im Lande zu holen oder zu erobern war, verlegte man die Nutzanwendung bisher gesammelter Erfahrungen auf ein neues Gebiet: man organisierte die Seeräuberei. Eigenartig, wie schnell sich streitende Parteien wieder vertragen können, wenn es gilt, Dritten etwas wegzunehmen. Wenn die damaligen Generationen auch nichts aufzuweisen hatten, was irgendwie als Kulturtat auf uns überkommen wäre, so können sie doch den traurigen Ruhm für sich in Anspruch nehmen, Tripolis zu einem Weltzentrum des Seepiratentums gemacht zu haben. Der Reichtum der Stadt wuchs rasch ins Unermeßliche.

Um dieses Piratentum zu zerstören, ging Spanien dazu über, Nordafrika zu erobern. Zunächst wurden die Städte Oran, Bugìa, Algier, Tunis und schließlich 1510 Tripolis besetzt. Leider verstand es die spanische Monarchie nicht, ihre Anfangserfolge auszunutzen. Karl V. beschränkte sich auf die Verteidigung der Küstenstädte.

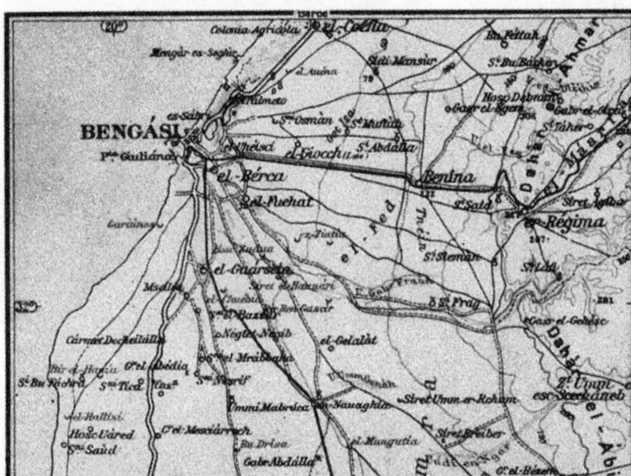

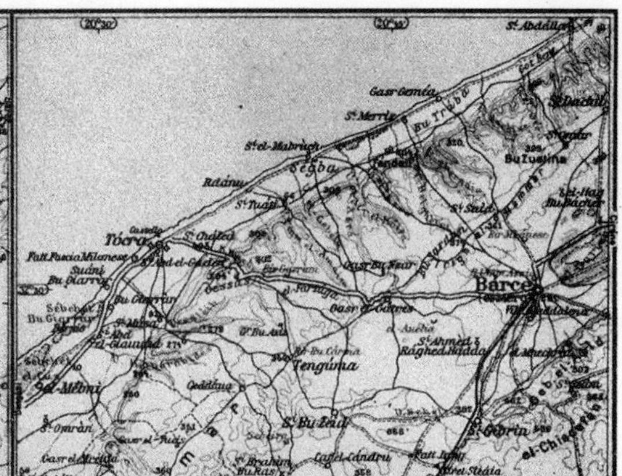

Bengàsi – Ghemines

Bàrce – El Abiàr

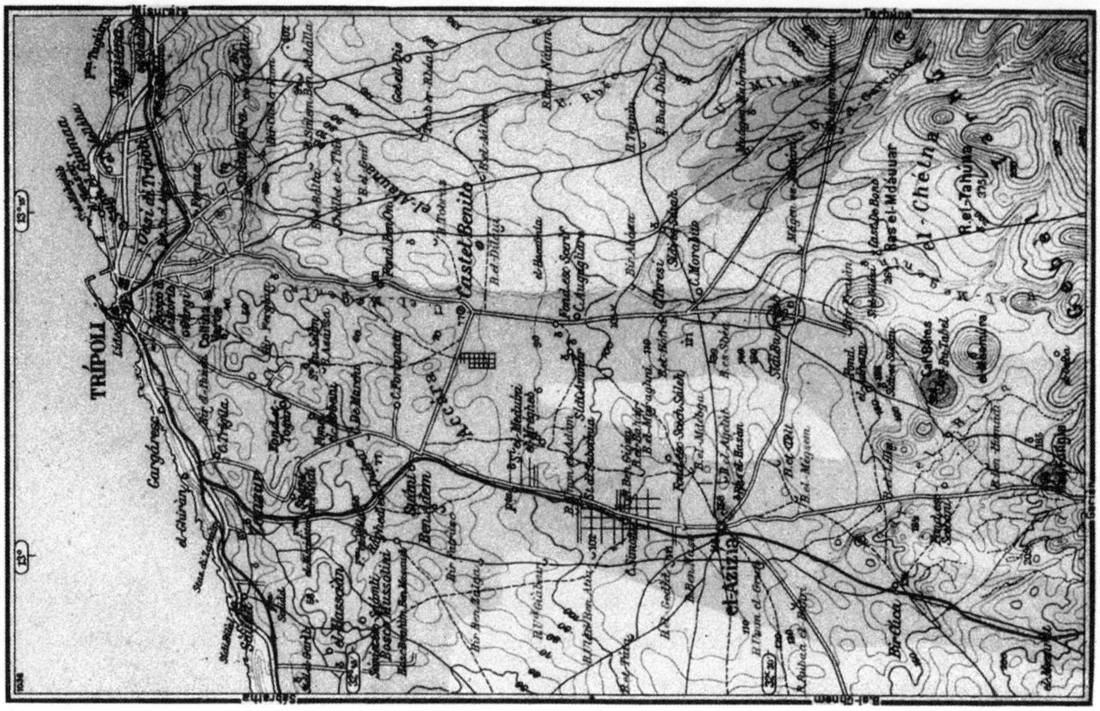
TRIPOLI
Castel Benito
el-Azizia

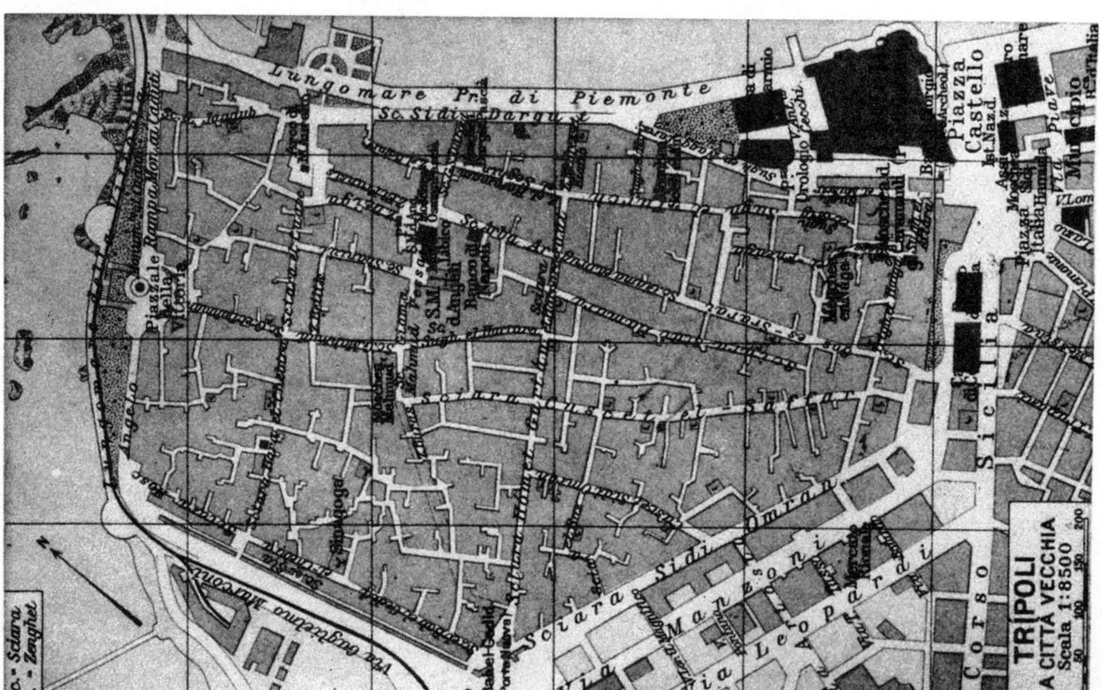
Sc. - Sciara
Z. - Zenghet
Lungomare Pr. di Piemonte
Piazzale della Vittoria
Piazza Castello
Via Manzoni
Via Leopardi
Corso Sicilia
TRIPOLI
LA CITTÀ VECCHIA
Scala 1:8500

Inzwischen war eine neue Großmacht im Mittelmeerraum entstanden, die ihre Einflußzone systematisch nach Westen vortrieb: die Türkei. Soliman d. Gr. erkannte klar die Wichtigkeit fester Stützpunkte im Mittelmeer, und einmal bei der Verwirklichung seiner Pläne, verjagte er zunächst die Ordensritter von der Insel Rodi [Rhodos]. Den Ordensrittern von San Giovanni [Johannitern] vertraute man nun die Verteidigung von Malta und Tripolis an. Kaum hatte man sich einigermaßen organisiert, als auch schon die Türken zum neuen Schlage ausholten. Die Ordensritter verteidigten Tripolis zäh gegen die Streitkräfte des Admirals Chayr Ed-Din, waren aber nicht in der Lage, sich auch gegen die nachfolgenden Streitkräfte Sinan Paschas zu halten, so daß sich die Stadt am 16. August 1551 ergeben mußte.
Nach der Niederwerfung eines christlichen Aufstandsversuches gingen die Türken daran, ihren neuen Besitz systematisch zu sichern. Besondere Sorgfalt verwandte man beim Ausbau der Befestigungsanlagen von Tripolis. Es spricht für den Weitblick Dargùt Paschas, daß er gleichzeitig für einen großzügigen Ausbau der Flotte eintrat. Die Flotte war schließlich so stark, daß sie sich ungestraft jeden Übergriff gegen die christliche Handelsschiffahrt erlauben konnte. Die türkischen Piratenschiffe wurden schließlich so übermütig, daß sie nicht davor zurückschreckten, selbst Küstenorte Süditaliens zu überfallen. Das war entschieden zu viel!
Philipp II. versuchte 1560 durch Angriff auf die Gerberinsel den Türken eine Schlappe zuzufügen. Der Versuch mißlang. Seine Flotte wurde vernichtet. Targùt Pascha stand nun auf die Höhe seines Daseins. Sein Blick richtete sich auf Malta. Bei der Belagerung fiel er dort 1565. Sein Tod bedeutete für Tripolitanien einen harten Rückschlag, denn kaum fehlte die zielbewußte Führung Targùt Paschas, als sofort wieder jene typischen Verfallserscheinungen auftraten, die dem unglücklichen Land schon soviel geschadet hatten.

Raum Tripolis – el-Azizia

Stadtplan von Tripolis

Dem jeweils amtierenden Pascha, der der Vertreter des Sultans in Tripolitanien war, stand eine reguläre Miliztruppe – die Janitscharen – zur Verfügung. Man berief in Anerkennung zuverlässiger und treuer Dienstleistung ehemalige Janitscharenoffiziere in den Regierungsrat. Unter starken Paschas hatte dieser Rat wenig oder nichts zu sagen. Nun aber, da sich die Janitscharen ihrer Macht und Ausnahmestellung bewußt wurden, wollten sie auch in der Politik mitbestimmend sein, und das um so mehr, je unfähiger ihr Pascha war.

Es ist beinahe ein Kehrreim der Weltgeschichte, daß die Leibwache schließlich selbst zum Herrn wird. So war es auch damals in Tripolitanien. Die im Regierungsrat vertretenen Janitscharenoffiziere setzten durch, daß ihnen alle staatswichtigen Fragen zur Beratung vorgelegt werden mußten. Aus politischen Erwägungen heraus stimmte schließlich auch der Sultan dieser Neuordnung zu, die damit Gesetzeskraft erhielt. Es war vorauszusehen, daß die Janitscharen sich nicht mit dem bislang Erreichten zufriedengeben würden. Nun taten sie den letzten Schritt. Sie wollten einen der Ihren als Regierungschef (Dai). Der Dai sollte von ihnen gewählt werden. Auch diese Forderung setzten sie durch, und nun sehen wir zeitweilig einen Dai an Stelle des von der Hohen Pforte ernannten Paschas. Zeitweilig teilte der Dai die Regierungsgeschäfte mit dem Pascha, und es war keine Seltenheit mehr, daß der Dai vom Sultan auch die Würde und das Amt eines Paschas erhielt. Daß ein Dai auch Pascha werden konnte, revolutionierte geradezu die sozialen Vorrechte verschiedener Schichten. Leute geringster Herkunft, die sich durch alle Grade der Miliz emporgedient hatten, konnten nun sogar Regierungschef werden. Unter den vielen mittelmäßigen setzten sich nacheinander zwei fähige Offiziere durch, die beide Dai und Pascha wurden. Es waren dies: Mohammed Sachiz-Li (1631 – 1649) und Osman Sachiz-Li (1649 – 1672). Sie brachten die ihnen unterstellten Gebiete wieder zu einer gewissen Blüte, förderten den Handel und versuchten auch die Cyrenaika endgültig unter ihre Herrschaft zu bringen. In religiösen Fragen waren sie sehr tolerant und gestatteten sogar den Franziskanermönchen, sich der vielen christlichen Sklaven anzunehmen.

Ihre Tüchtigkeit erstreckte sich jedoch leider auch auf den Ausbau des Seepiratentums. Der Schaden, den die vielen tripolitanischen Piratenschiffe im Mittelmeer anrichteten, war ungeheuer und eine dauernde Herausforderung der europäischen Mächte.

Da alle Vorstellungen und Proteste nichts halfen, gingen verschiedene europäische Staaten dazu über, Gewalt gegen Gewalt zu setzen und beschossen verschiedene Male Tripolis.

Im Jahre 1654 war es die englische Flotte unter Rob. Blake, 1662 die holländische Flotte van Ruyters und schließlich 1669 und 1672 die französische Flotte, die diese Gewaltmaßnahmen durchführten. Die Franzosen zwangen Osman Pascha einen Pakt auf, der jedoch nach dessen Tode sofort wieder übertreten wurde. Die neuauflebende Piraterie zwang Frankreich zu neuen militärischen Maßnahmen. Flotteneinheiten unter A. Duquesne (1683) und unter D'Estrèes (1685) beschossen von neuem Tripolis. Als aber das Piratentum trotzdem immer besorgniserregendere Formen annahm, schritt man 1693 schon wieder zur Vernichtung von Tripolis. Jetzt erst beugte sich der tripolitanische Regent.

Nach dem Tode von Mohammed Dai Sciab El-Ain im Jahr 1706 begann der Zusammenbruch. In solchen Zeiten des Abstiegs finden sich bei allen lebenswilligen Völkern immer wieder innerlich gesunde Menschen, die für Ordnung sorgen und sich gegen den Untergang stemmen. Die einflußreichsten tripolitanischen Bürger und Stammesoberhäupter schlossen sich also zusammen und bestätigten die Führungsrechte des Ahmed Caramanli, der selbst einer vornehmen türkischen Familie entstammte. 1711 wurde er zum Regierungschef gewählt.

Ahmed Caramanli gelang es in Kürze, überall wieder die Ordnung herzustellen. Diese Erfolge hatten aber alle einen Fehler, da die Hohe Pforte die Wahl Caramanlis nicht anerkennen wollte. Das hatte natürlich seinen Grund. Der neue Herrscher tat, was er für richtig empfand, ohne sich im geringsten um den Sultan zu kümmern, der so mit der Zeit seinen nordafrikanischen Besitz zu verlieren fürchtete. Er ernannte einen Pascha und beauftragte diesen, Ahmed Caramanli zu vertreiben. Dem Pascha gab man genügend Streitkräfte mit und war überzeugt, damit praktisch das Tripolisproblem gelöst zu haben. Der energische Ahmed Caramanli reagierte blitzschnell und schlug seinen Widersacher, der ermordet wurde. Was man in Konstantinopel vermeiden wollte, war nun doch geschehen. Der Caramanli stellte natürlich viel härtere Bedingungen als früher, da er als Bittender gekommen war. Dem Sultan blieb nichts weiter übrig, als Caramanli anzuerkennen.

So begann die Dynastie Caramanli ihre Herrschaft, die bis 1835 dauerte.

Einige Prinzen dieses Geschlechts waren schöpferische Menschen, denen es gelang, Tripolis wenigstens auf die gleiche Stufe wie Tunis und Oran zu bringen.

Der bedeutendste unter den Caramanli war der Begründer der Dynastie Ahmed. Weil er die Herrschaft auch für seine Nachkommen sicherstellen wollte, betrieb er Politik auf lange Sicht. Mit den europäischen Mächten stellte er sich daher auch im großen und ganzen gut.

Ahmeds Nachfolger Mohammed (1745 – 1754) und Ali (1754 – 1795) waren schwache und unbedeutende Herrscher, die sich mit dem begnügten, was Ahmed mühsam wirtschaftlich und politisch geleistet hatte.

1785 brach in Tripolitanien eine Pest aus, die viele Zonen fast entvölkerte. Die Eingeborenenstämme der inneren Wüstengebiete meuterten und verweigerten die Tributzahlungen. Zu diesem Durcheinander kam noch Neid und Zwietracht, die offene Feindschaft selbst in die Familie des Herrscherhauses brachte. In Konstantinopel verfolgte man mit Genugtuung diese Ent-

wicklung, die vielleicht die lang erwartete Gelegenheit bot, Tripolitanien und die Cyrenaika wieder unter direkten Einfluß zu bringen.
Nach der Ermordung des Prinzen Jussuf kam die große Krise. Prinz Hassan, der Bruder des Ermordeten, ergriff die Waffen gegen seinen Vetter und seinen Bruder Ahmed, um selbst die Regierung an sich zu reißen. Ein blutiger Bürgerkrieg entstand. Der Sultan Selim III. sah nun endlich auch seine Stunde gekommen und unterstützte einen türkischen Abenteurer, der von sich aus ebenfalls eine Aufstandsbewegung ins Leben gerufen hatte. Ali Bu Roni, so hieß der Rebell, wurde vom Sultan zum Pascha von Tripolitanien ernannt. Der neue Pascha hatte durch diese offizielle Anerkennung großen Zulauf. Es gelang ihm im Juli 1793, Tripolis in seine Gewalt zu bekommen, wo er sich unter Anwendung jeder nur erdenklichen Gewaltmittel zu halten versuchte. Die Caramanli mußten fliehen und fanden bei dem Bey von Tunis Aufnahme und Unterstützung. Unter dem Eindruck dieser Familienkatastrophe versöhnten sich Ali und seine Söhne. Sie setzten nun, da sie nichts mehr zu verlieren, aber alles zu gewinnen hatten, ihr Schicksal auf eine Karte. Es gelang ihnen tatsächlich, ihre Gegner nicht nur zu schlagen, sondern auch Ali Ben Roni zur Flucht zu zwingen.
Um jede neue Verwicklung zu vermeiden, trat Ali seine Rechte an seinen Sohn Ahmed (II.) ab, der einige Monate später von dem ehrgeizigen Jussuf beseitigt wurde.
Jussuf war ein sehr begabter und energischer Mensch, der sicher mehr erreicht hätte, wenn nicht die geschichtliche Entwicklung inzwischen Europa zu einem Vorsprung verholfen hätte. Er sah das alles ein und hielt es jeweils mit der Macht, die ihm am gefährlichsten schien. Zunächst betrieb er also eine franzosenfreundliche Politik. Später, als die Engländer Malta besetzten und zu Herren des Mittelmeeres geworden waren, schloß er sich sofort der neuen Großmacht an. Wenigstens tat er so nach außen hin. Die Zwischenzeit, die sich mit ihren Unklarheiten der politischen Machtverteilung glänzend zu Seitensprüngen eignete, wurde von Jussuf zur äußersten Steigerung des Piratentums benutzt. Jussuf war die letzte und zugleich größte Personifizierung des Korsarentums im Mittelmeer.
Der Pascha zwang die kleineren Mächte, die ihre Schiffe nicht ganz an die tripolitanischen Korsaren verlieren wollten, zu einer hohen jährlichen Tributzahlung. Die U. S. A., von Jussuf irrtümlicherweise als leere Aufmachung weiter Fernen angesehen, ließen sich auf derartige Tribute nicht ein. Sie rächten sich für den entstandenen Raubschaden durch mehrmalige Beschießungen von Tripolis. Jussuf fühlte sich jedoch stark genug, gegen die Amerikaner vorzugehen und erklärte diesen den Krieg. Nun konnte ihm keine Macht der Welt den Rechtsanspruch mehr streitig machen, amerikanische Schiffe zu kapern. Für die Amerikaner war Libyen nun eine Geld- und Prestigefrage. Man reagierte politisch, und militärische Truppen wurden in Derna gelandet und dort als Gegenspieler der von Jussuf abgesetzte und

verjagte Bruder Ahmed (II.) herangeholt. Schließlich wurde die Lage Jussufs derart heikel, daß er sich gezwungen sah, mit den Amerikanern Frieden zu schließen.

Der Rückschlag war für Jussuf hart. Immerhin blieben noch die vielen anderen Schiffe kleinerer europäischer Staaten übrig, die eine bedeutende Einnahmequelle darstellten. Die napoleonischen Kriege hatten alle Kräfte Europas derart angespannt, daß Jussufs Piratenschiffe fast ungestört ihr Handwerk ausüben konnten.

Die Schäden, die die tripolitanischen Seeräuber der gesamten Mittelmeerschiffahrt während des napoleonischen Zeitalters zufügten, waren so ungeheuer, daß die Frage der Sicherheit der Seeverbindungen vor den Wiener Kongreß gebracht wurde. Dieser betraute England mit der Aufgabe, dem Korsarenkrieg ein Ende zu bereiten und den Sklavenhandel mit Christen zu unterdrücken.

1816 erschien darauf eine englische Flotte im Mittelmeer, die unter dem Kommando von Lord Ed. Exmouth stand. Exmouth zwang den Dai von Algier, den Bey von Tunis und Jussuf zu einem Abkommen, künftig von jeder Seeräuberei abzusehen und erreichte für den König von Sardinien und der Beiden Sizilien freien gegenseitigen Verkehr und das Recht, in der tripolitanischen Residenz Konsuln zu unterhalten.

Jussuf machte sich jedoch Hoffnungen, bei nächster Gelegenheit sein altes Handwerk wieder aufnehmen zu können, da unter den neuen Verhältnissen auch die kleineren Nationen ihre jährlichen Tributzahlungen einstellten. Der große Geldbedarf Jussufs verlangte nach neuen Auswegen. Da das eigene Land praktisch keine Werte erzeugte, war der Pascha gezwungen, unter jedem nur möglichen Vorwand kleinere Nationen zu erpressen. So provozierte er 1825 den Konflikt mit dem Königreich Sardinien, das jedoch durch eine glücklich beendete Expedition sich die Einhaltung des Vertrages von 1816 erzwang. Nun machte Jussuf einen letzten Verzweiflungsversuch 1828 gegen das Königreich Sizilien. Aber auch dieser Versuch blieb, wie der vorangegangene, erfolglos.

Nun blieb Jussuf nichts mehr anderes übrig, als die Steuern unter der eigenen Bevölkerung zu erhöhen. Die Abgabenbelastung war für die eingeborene Bevölkerung schnell untragbar und ließ überall Revolten aufflammen. Aus Revolten wurde Aufruhr. 1831 stand schon das ganze Landesinnere in Waffen gegen Jussuf. Schließlich riefen die Bewohner der Mensciagebiete um Tripolis einen Neffen Jussufs zu ihrem Führer aus.

Müde, enttäuscht und entmutigt, dankte schließlich Jussuf zugunsten seines Sohnes Ali II. ab.

Sultan Mahmud II., der zunächst Ali anerkannt hatte, wechselte bald seine Haltung und erklärte 1835 die Caramanli-Dynastie für abgesetzt. Tripolitanien unterstand nun wieder direkt der Hohen Pforte.

Lange Zeit hindurch wollte sich die eingeborene Bevölkerung nicht mit der neuen Lage abfinden. Unter Führern wie Abd-el-Gehil und Guma Ben Chalifa widersetzten sie sich mit Waffengewalt dem Eindringen der Türken in das Landesinnere.

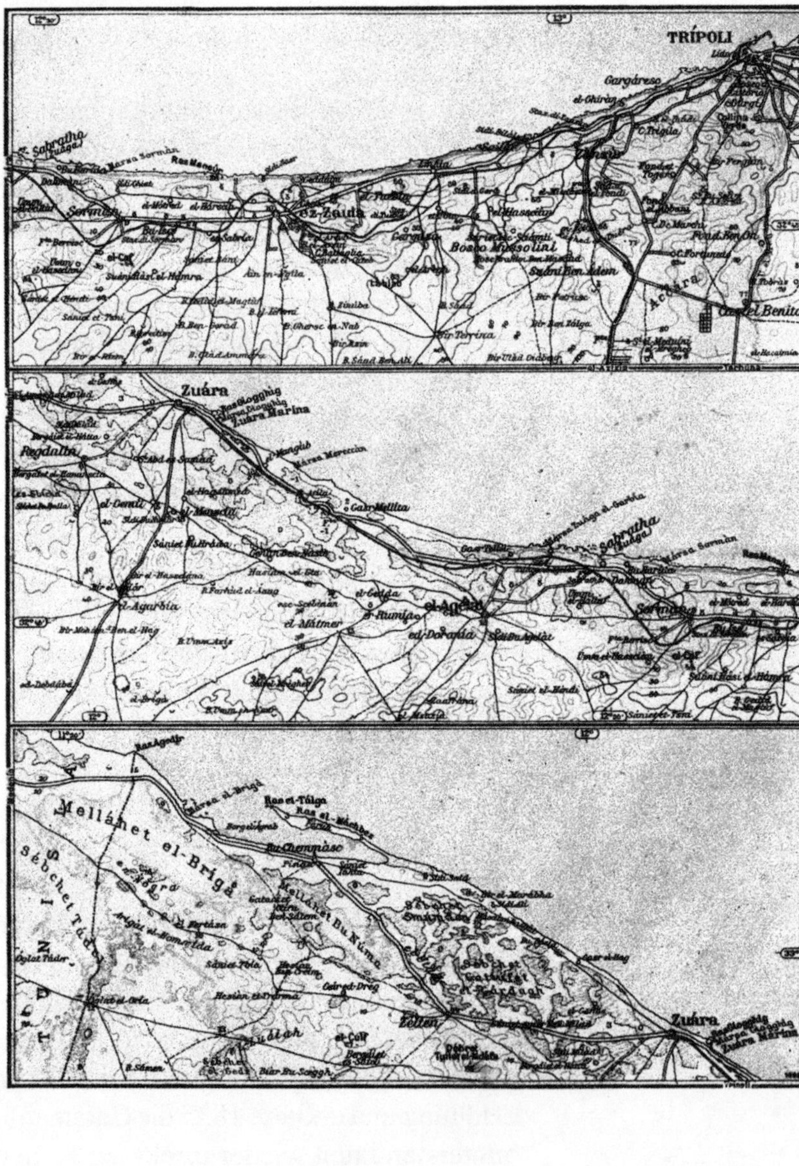

Tripolis – Sabratha

Sabratha – Zuara

Zuara – Ras Agedir

Abd-el-Gelil fiel einem Überfall zum Opfer. Die führerlosen Eingeborenen unterwarfen sich daraufhin 1842 den Türken. Damit war Osttripolitanien befriedet. Guma Ben Chalifa mußte sich ergeben und wurde gefangengesetzt. Es gelang ihm später zu fliehen. Im Ghebel hielt er bis zu seinem Tode 1858 das Land in Aufruhr.

Lange Jahre hindurch folge nun ein Gouverneur dem anderen. Klerus und Machthaber richteten die eingeborene Bevölkerung immer fremdenfeindlicher aus. Mit der Zeit gelang es den Eingeborenenführern, diese Fremdenfeindschaft auch auf die Türken auszudehnen. Wahrscheinlich war es diese Grundeinstellung der Bevölkerung, die 1890 einen Nachkommen der 1835 abgesetzten Dynastie, Hasuna Pascha Caramanli, zu der Bereitwilligkeit veranlaßte, mit den Italienern in Verhandlungen einzutreten. Er erklärte, eine eventuelle italienische Besetzung in jeder Weise zu erleichtern, sofern ihm ein ähnliches Regime zugesagt würde, wie es in Tunis bereits bestand. Mit anderen Worten: er wollte wieder seine Dynastie eingesetzt sehen, die durch italienische Oberhoheit gesichert werden sollte.

Nachdem sich Italien um seine Zielsetzung in Tunis gebracht sah, hatte man schon an eine eventuelle Besetzung Tripolitaniens und der Cyrenaika gedacht. Die Pläne mußten wegen der noch unklaren Einstellung der anderen Großmächte zurückgestellt werden.

Die Verhandlungen um den libyschen Raum als Einflußzone zwischen Italien und Frankreich führten zu einem Abkommen zwischen beiden Staaten, das am 1. Dezember 1902 unterzeichnet und ratifiziert wurde.

Nun versuchte Italien, Libyen zunächst einmal friedlich zu durchdringen, um später die Handhabe zu weiterem Vorgehen zu erhalten. Da sowohl die lokalen Regierungsstellen Tripolitaniens als auch Konstantinopel alle nur erdenklichen Schwierigkeiten machten, war dieser Plan nicht so ohne weiteres durchzuführen.

Die noch ablehnendere Haltung der jungtürkischen Regierung verursachte eine Reihe von Zwischenfällen, die die öffentliche Meinung Italiens zutiefst aufwühlten und die Regierung zum Handeln zwang.

Am 27. September 1911 überreichte der italienische Geschäftsträger in Konstantinopel dem Großvesir ein Ultimatum.

Die allgemein gehaltene türkische Antwortnote zwang Italien, Eigentum und Leben seiner Volksangehörigen zu schützen und die Cyrenaika sowie Tripolitanien zu besetzen. Die Feindseligkeiten begannen am 29. September 1911.

Die nie verborgen gehaltene türkenfeindliche Haltung der Bevölkerung ließ hoffen, daß die italienische Besetzung – wenn nicht mit Hilfe – so doch zumindest mit Duldung der Eingeborenen durchgeführt werden konnte. Zur großen Überraschung der Italiener zeigten sich sowohl die Eingeborenen der Küstengebiete als auch die des Landesinnern ausgesprochen feindselig und gaben den Türken das notwendige Menschenmaterial zur Verlängerung der Konfliktes.

Einige Tage nach der am 5. Oktober 1911 erfolgten Besetzung von Tripolis brach im Rücken der italienischen Front eine Revolte aus (Henni und Sciara esc-Sciatt am 23. Oktober 1911; Sidi el Hani und Bu Meliana am 26. Oktober 1911).

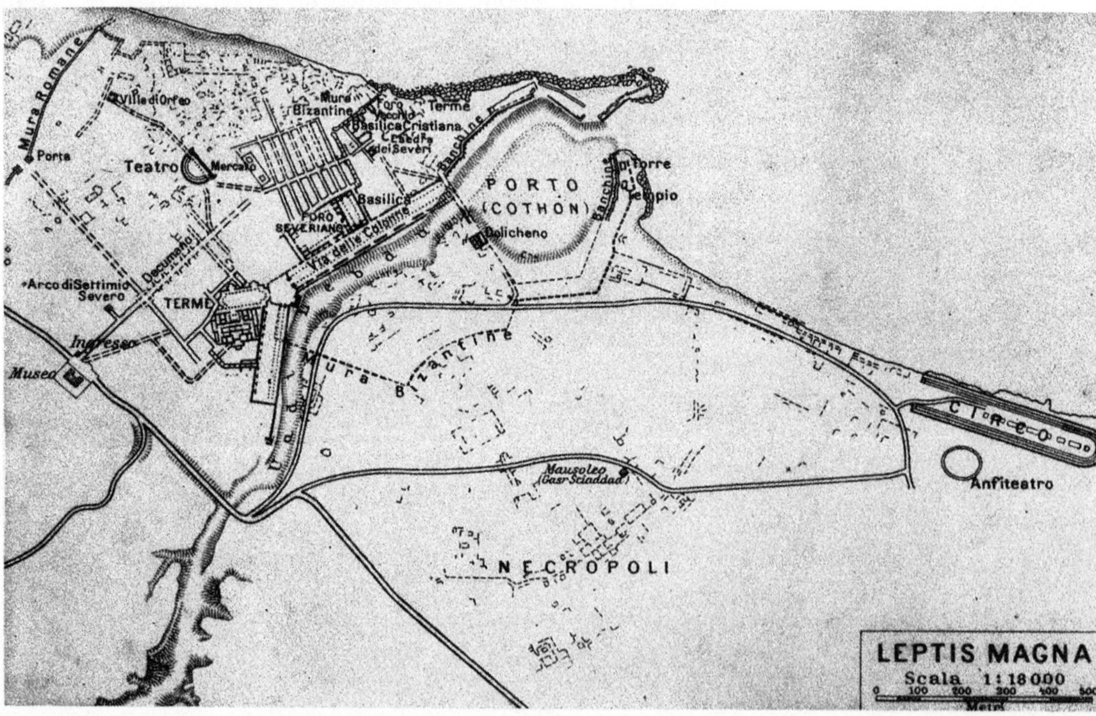

Durch das Gesetz vom 5. November 1911 wurde Tripolitanien und die Cyrenaika vom Königreich Italien offiziell in Besitz genommen. Um diesen Vertrag auch Wirklichkeit werden zu lassen, war eine Reihe militärischer Operationen notwendig. Der Gegner zeigte sich außerordentlich beweglich und verstand es, alle Hilfsquellen des Landes bis aufs äußerste anzuspannen. Durch Landungen großen Stils (Homs 21. Oktober 1911, El-Machber 10. – 14. April 1912, Misurata 16. Juni 1912) und glücklich geführten Gefechten war es den Italienern dann möglich, im Laufe des Jahres 1912 die gesamte tripolitanische Küstenzone zu besetzen.

Nachdem Italien Rodi [Rhodos] und die Inselgruppen besetzt hatte, entschloß sich die Türkei – auch unter dem Druck des Balkanbundes – Frieden zu schließen. Im Vertrag von Lausanne verzichtete am 17. Oktober 1912 dieser Staat auf Tripolitanien und die Cyrenaika.

Nachdem die türkischen Truppen zurückgezogen waren, konnte Italien seine Besetzung rasch durchführen. So nahm man wenigstens an, als die ersten Erfolge sichtbar waren. Mit der Zurückziehung der türkischen Truppen war aber keineswegs der Widerstand gebrochen. Im Gegenteil: es sollte noch viele Jahre dauern, bis Italien seines neuen Besitzes froh werden konnte.

Nach der Schlacht von El-Asabaa wurde am 23. März 1913 der Besitz des Ghebel, Osttripolitaniens und der Oasen Gadames und Mizda sichergestellt. Die Militärexpedition, die sich von Syrte aus in Marsch setzte, konnte nach den Gefechten von Eschida und El Murzuch am 12. bzw. 24. Dezember Fezzàn besetzen. Die Kolonne stieß bis nach Murzuch selbst vor und nahm dort die Treuebezeugungen des Senoussiordens entgegen, der seine absolute Loyalität betonte und bestätigte.

Die Senussiten dachten aber gar nicht daran, ihr gegebenes Wort zu halten und progagierten den Aufstands- und Freiheitsgedanken unter den Eingeborenen. Die fanatische Bevölkerung war schnell aufgewiegelt und setzte im aktiven wie passiven Widerstand die Italiener immer wieder vor neue Schwierigkeiten. Die Nomaden der Ghibla, fanatischste Anhänger der Senussi, begannen sich in Massen nach Osten zu bewegen und setzten jeder italienischen Aktion energischen Widerstand entgegen. Die Lage wurde immer gespannter. Die Italiener besetzten einen strategisch wichtigen Punkt nach dem anderen. Am 23. März 1914 besetzten sie die Zauia von En-Nofilia, und konnten von dort aus weite Gebiete des Landesinnern kontrollieren.

Der Ausbruch des Weltkrieges gab der Türkei Gelegenheit, sich noch einmal in die Geschicke des Landes zu mischen. Für die Eingeborenen bedeutete diese türkische Hilfe neuen Auf- und Antrieb, ihre Aufstandsbewegung zu verstärken.

Ende 1914 zwang ein Großaufstand der Eingeborenen des Sciati die kleinen Besatzungen der einzelnen italienischen Militärstationen, das Gebiet des Fezzàn zu räumen und sich aus dem Syrtegebiet und Ghibla wie aus dem Oasengebiet Gadames zurückzuziehen. Die Verhängung des Belage-

Leptis Magna,
Maßstab 1:18 000

rungszustandes hatte absolut keine Wirkung, und der Versuch, das Prestige durch die Waffen wiederherzustellen, scheiterte am unglücklichen Ausgang der Schlacht bei Uadi Marsit am 6. April 1915. Noch schlimmer erging es der Kolonne, die dazu bestimmt war, das Fezzàngebiet wiederzubesetzen. Den regulären Verbänden waren eingeborene Einheiten beigegeben, die sich im gegebenen Augenblick während der Schlacht bei Gasr Bu-Hadi am 29. April gegen die Italiener wandten. Durch diesen Verrat wurde die italienische Kolonne vollkommen aufgerollt und vernichtet.

Diese Erfolge ermutigten die Rebellen, die in zahlenmäßiger Überlegenheit waren, überall ihre Aktionen zu verstärken. Die Folge war, daß Italien seine weitverstreuten Militärstationen im Landesinneren in die Küstengegenden zurücknehmen mußte.

Man war 1916 schließlich so weit, daß sich die italienische Besetzung auf die Räume Tripolis und Homs beschränkte. Um die Stämme Osttripolitaniens zu schützen, die sich italienfreundlich gezeigt hatten, wurde kurze Zeit später wieder Zuara besetzt. Bis zum Ende des ersten Weltkrieges änderte sich kaum etwas an diesem Zustand. Nach dem Kriege verschoben sich die Kräfte derart, daß Italien systematisch Verstärkungen und Material nach Libyen schicken konnte.

1919 hatte Italien bedeutende Streitkräfte in Tripolitanien zusammengezogen, und alles deutete darauf hin, daß die Feindseligkeiten auszubrechen drohten. In letzter Minute wurde aber eine Einigung in Chàllat ez-Zeituna im Mai 1919 erzielt, indem man den Forderungen der Eingeborenen weitgehendst entgegenkam und die fundamentalen Gesetze schuf.

Es gab in der Jahrtausende währenden Zeit keinen einzigen Vertrag zwischen Eingeborenen und europäischen Elementen, der nicht bei der ersten sich bietenden Gelegenheit wieder gebrochen worden wäre. Diesesmal war es auch nicht anders. Die Häupter der aufständischen Bewegung waren immer noch Herren der Lage und trafen verzweifelte Anstrengungen, um ein politisch unabhängiges Tripolitanien zu erreichen. Von ihnen wurde zunächst ein »Reform-Ausschuß« (Comitato delle Riforme) ins Leben gerufen. In diesem Ausschuß war so ungefähr alles vertreten, was damals gegen Italien konspirierte. So die Ramadan Esc-Sceteni der Ostgebiete, Ahmed el Mraied in Tarhuna und die Brüder Coobar und Chalifa Ben Ascer aus dem Ghebel. Dieser Ausschuß war damals der eigentliche Beherrscher des Landes.

Das Abkommen, von den Eingeborenen nur als Vorwand abgeschlossen, war natürlich bald nicht mehr aufrecht zu erhalten. Der neue Anlaß zu Feindseligkeiten waren offene Aufstände verschiedener Stämme. Der Aufruhr griff wie ein Brand um sich, und nach kurzer Zeit stand schon wieder das Innere des Landes im Kampf gegen Italien. Das »Comitato delle Riforme« hatte sich überall durchgesetzt.

Die damalige vorfaschistische Regierung verstand endlich, daß hier schon aus reinen Prestigegründen irgendwas geschehen müsse. Man entsandte Ende

1921 den Grafen Volpi als Gouverneur nach Tripolis, der sofort mit äußerster Energie daran ging, die ihm unterstellten Gebiete endgültig zu befrieden. Das Glück war ihm hold. Durch einige glänzend durchgeführte Militäraktionen beseitigte er die Bedrohung und den Druck der Rebellen auf El Azizia und Ez Zauia, und in kurzer Zeit war der ganze Ghebel von Nalut bis Garian fest und endgültig in italienischer Hand.
Am 23. Februar wurden die Rebellen aus Tarhuna, Zliten und Misurata vertrieben. Durch das Gefecht von Bir Tagemut befreite man am 4. Mai endgültig das gesamte Misuratagebiet. Am 27. Dezember wurde Beni Ulid zurückgewonnen.
Im Laufe des Jahres 1924 konnten die italienischen Truppen Mizda und Gadames wieder besetzen. Mit der Rückeroberung von Syrte am 23. Dezember 1924 wurde die vollständige Hoheitsausübung in Nordtripolitanien wiederhergestellt.
Im Juli 1925 wurde General Emilio De Bono zum Gouverneur Tripolitaniens ernannt. Der neue Hoheitsträger setzte die Befriedungspolitik seines Vorgängers fort. Man ging nun, nachdem das gesamte tripolitanische Gebiet fest in italienischer Hand war, daran, auch die Cyrenaika endgültig zu besetzen.
Nach der Besetzung der Oase El Giofra war es ein Leichtes, alle dazwischenliegenden Gebiete zu säubern. Nach einer kurzen und energischen Aktion gegen Socna, Hun, Uaddan und später Zella konnten die Kolonnen endlich die Rebellen bei den Brunnen von Tegrift am 25. Februar stellen.
In einem weiteren Gefecht gelang es am 31. Oktober, die Rebellen bei Bir-el Afia erneut zu fassen und zu schlagen. Damit war gleichzeitig eine Rückkehr der bewaffneten Eingeborenen nach El-Giofra verhindert.
Am 10. Januar 1929 kehrte General De Bono nach Italien zurück. Tripolitanien und die Cyrenaika wurden zu einer Provinz unter dem Namen Libyen vereinigt. Nun schickte Italien einen seiner fähigsten Köpfe nach Nordafrika: Marschall Badoglio.
Marschall Badoglio war noch entschiedener als seine Amtsvorgänger und entschlossen, mit äußerster Energie durchzugreifen. Um unnötiges Blutvergießen zu vermeiden, forderte er zunächst die Rebellen in einer Proklamation auf, sich zu unterwerfen. Während der Aufruf teilweise gute Wirkung bei der Bevölkerung zeitigte, blieb jedoch jede Sinnesänderung bei den Rebellenführern aus, die jetzt ihre Kampfvorbereitungen verdoppelten, im Bewußtsein, daß es jetzt um die Entscheidung gehe.
Italien hatte nun endlich auch jene moralische Freiheit, so vorzugehen, wie man es schon gerne zehn Jahre früher getan hätte.
Im Frühjahr 1929 wurde nach den Gefechten von Umm el-Melar und Bir Esc Sciuref ein erstes größeres Gebiet befriedet. Im Dezember und Januar besetzten die Truppen Brach, Sebba und Murzuch und stießen bis Uau el Chebir vor. Am 4. März wurden die letzten Feindgruppen zerstreut, die sich

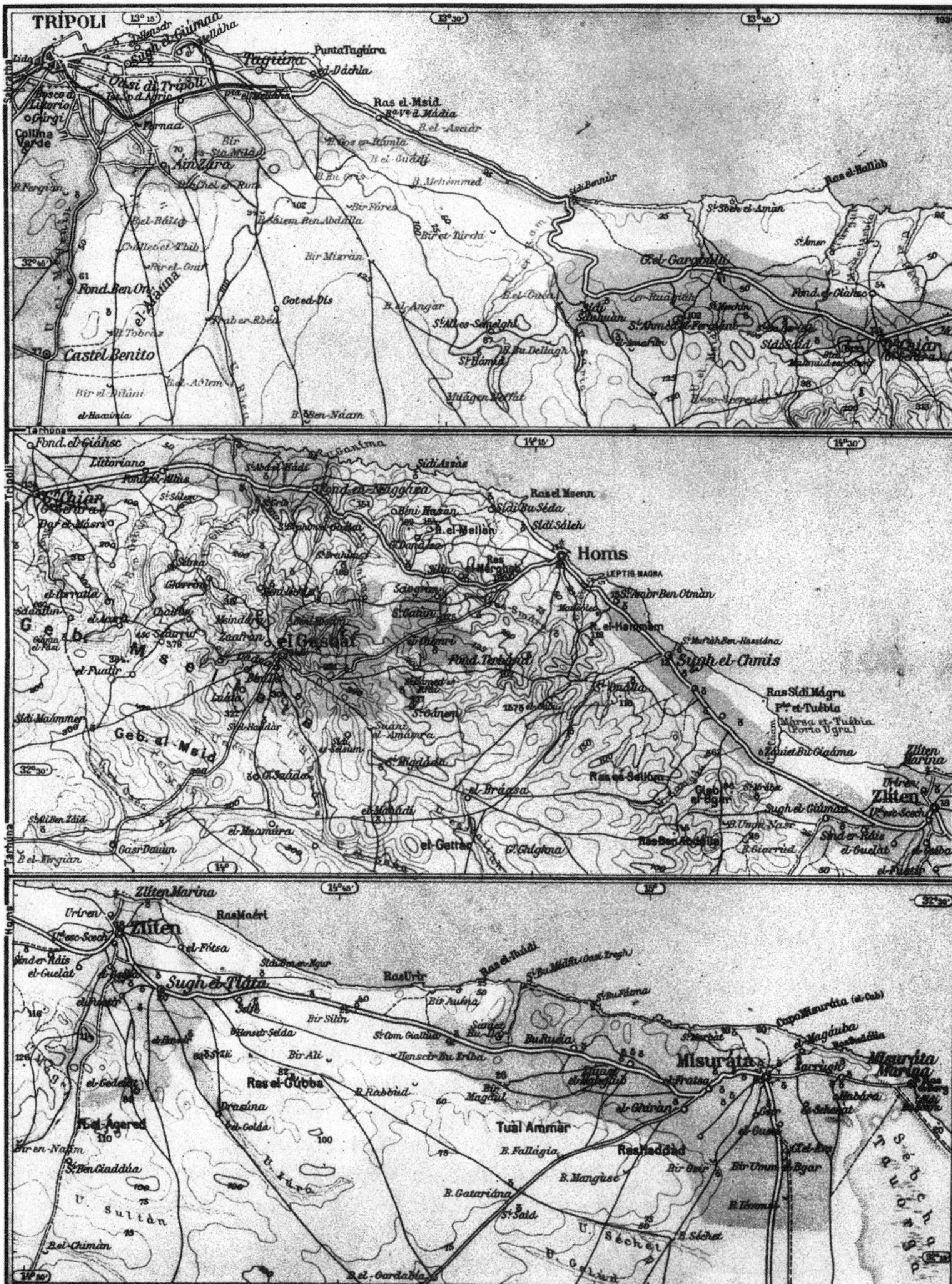
TRIPOLI
Sugh el-Giúmaa
Oasi di Tripoli
Taguira
Punta Tagiura
Ras el-Msid
Ain Zara
Castel Benito
Fond. Ben Oro
Got ed-Dis
Bir Mizran
Ras el-Hallab
Fond. el-Giahsc
Litoriano
Fond. en-Naggaza
Sidi Azzas
Ras el Msenn
Sidi Bu Séda
Sidi Sâleh
Homs
LEPTIS MAGNA
el Gusbat
Fond. Terhûna
Sugh el-Chmis
Ras Sidi Magru
Geb. el-Msid
Ras es-Selben
Zliten
Zliten Marina
el-Bràgsa
el-Gattàc
Ras Ben Abdalla
Ras Ugri
Ras el-Haddi
Sugh el-Tlàta
Bir Siltin
Ras el-Gúbba
Tual Ammar
Misurata
Misurata Marina
Capo Misurata
Ras Haddad
Sebcha Tauorga
Sultan
Sedada
Sirte

einem Kampf entzogen und auf französisches Gebiet flohen, wo sie entwaffnet wurden.

Ende März 1929 wurde mit der Besetzung von Tummo die Aufstandsbewegung auch im Inneren Tripolitaniens endgültig niedergeschlagen. Mit der militärischen Besetzung war die Voraussetzung geschaffen, die Gebiete verwaltungstechnisch und politisch zu erfassen und wirtschaftlich zu erschließen.

Im Januar 1934 wurde Luftmarschall Italo Balbo zum Generalgouverneur bei der Kolonien ernannt.

Während seiner Amtszeit wurde die verwaltungsmäßige Zusammenfassung Tripolitaniens und der Cyrenaika verwirklicht. Aus der Kolonie wurde eine Provinz des Mutterlandes. Libyen wurde in vier Provinzialkommissariate und in ein Südterritorium unterteilt. Bislang bestand noch keine Demarkierung der libyschen Grenzen. In dem italienisch-ägyptischen Abkommen vom 20. Juli 1934 und im Vertrag von Rom vom 7. Januar 1935 wurden die Grenzen international festgelegt.

Die Cyrenaika

Wenn die Cyrenaika auch eng mit Tripolitanien verbunden ist, so ist doch hier die Geschichte vielfach ihre eigenen Wege gegangen.

Weniger als 300 km von Kreta entfernt, gehörte die Cyrenaika von Anfang an zum griechischen Einflußgebiet. Die ersten Einwandererströme setzten sich in der Cirenegegend fest, wo die Stadt gleichen Namens ungefähr 631 v. d. Z. gegründet wurde. Später entstanden dann Barce, Teuchira und Euhesperide [Bengasi].

Die griechische Kolonie entwickelte sich sehr schnell und war 757 v. d. Z. schon stark genug, um einen ägyptischen Einfall erfolgreich abzuwehren.

Lange Zeit hindurch ist die Geschichte der Cyrenaika die der Stadt Cirene gewesen. Der Reichtum der Stadt war natürlich schnell ein Grund zur Eifersucht zwischen der eigentlichen Herrenschicht der Provinz und den übrigen Städten der Cyrenaika. Soweit sich dieser Kampf innerhalb der Stadt abwik-

Küstengebiet Tripolis

Küstengebiet Homs

Küstengebiet Misurata

kelte, war zwar die augenblickliche Entwicklung gehemmt, stärkere Rückschläge konnten jedoch immer rechtzeitig vermieden werden. Kritischer waren schon die Auseinandersetzungen der einzelnen Städte. Gegenseitig geschwächt, waren sie stets Einfällen kriegerischer Eingeborenenstämme ausgesetzt, die sich die Gelegenheit zu rauben, plündern und morden nicht entgehen ließen. Die Konflikte zwischen den Städten führten auch zu den ersten außenpolitischen Verwicklungen. Als Arkesilaos III. und sein Schwiegervater Alazir, König von Barce, ermordet wurden, wandte sich Feretima, um den Tod des Sohnes zu rächen, an Ägypten, das, vom Reichtum der Provinz verlockt, nur zu gern ein Heer unter dem Befehl von Arsames und eine Flotte unter der Führung von Brades entsandte. Barce wurde genommen und geplündert, und die Überlebenden als Sklaven nach Ägypten verschleppt. Nach den ersten Perserkriegen war in Cirene die demokratische Partei vorherrschend. Nachdem Arkesilaos IV. in Euesperide ermordet worden war (um die Mitte des V. Jahrh. v. d. Z.) verwalteten sich Cirene und die anderen Provinzialstädte durch freie Regierungen.

Ein ununterbrochener Strom griechischer Kolonisten ergoß sich in die Cyrenaika, bis die politischen Krisen im griechischen Mutterland bremsend wirkten. Neben Cirene entwickelten sich – man würde heute sagen »im amerikanischen Tempo« – nun auch die anderen Städte der Provinz. Teuchira und Euesperide erlebten nun ihrerseits wieder eine Blütezeit, während der Hafen der Hauptstadt – Apollonia und der Barces – Ptolemaide zu bedeutenden Umschlageplätzen des damaligen Welthandels wurden.

Unter den Städten selbst kam es des öfteren zu schweren Kämpfen um die Vorherrschaft. Noch öfter kam es mit Elementen der eingeborenen Urbevölkerung, die selbst nicht in der Lage war, produktiv und schöpferisch zu sein, zu harten Kämpfen und blutigen Auseinandersetzungen.

Zu dem Neid der eigenen Provinz kam der weit gefährlichere einer damaligen Weltstadt, die mit Besorgnis die Entwicklung Cirenes verfolgte: Karthago. Karthago wollte nicht erst warten, bis Cirene stark genug war, um selbst zum Angriff überzugehen. Es sagte daher den Kampf an. Cirene bestand die große Probe. Es gelang, die Flotte Karthagos zu vernichten. Man kam zu einem Frieden und der Festlegung der Grenze bei den Arae dei Fileni.

Trotz der Kriege und inneren Auseinandersetzungen lebte die Bevölkerung in größtem Wohlstand. Der Ackerbau ergab reichste Ernten, so daß zwischen 331 und 323 v. d. Z. Cirene den griechischen Festlandstädten, die damals von Hungersnot heimgesucht waren, eine ungeheure Getreidemenge schenken konnte.

Das baulich schöne und wirtschaftlich reiche Cirene wurde schließlich auch bedeutendes Kulturzentrum und barg innerhalb seiner Mauern viele geistige Größen der damaligen Welt.

All das änderte sich sofort mit der Aufgabe der Selbständigkeit Cirenes. 331 hatte sich die Stadt schon Alexander d. Gr. unterworfen. Nach seinem Tode

brachen unter den Städten sofort wieder Kämpfe aus, die sich katastrophal auf die Kampfkraft auswirkten.
Als Ptolemäus I. Soter Herr des Landes wurde, betraute er mit der Regentschaft seinen Stiefsohn Magas, der die Regierungsgewalt an sich riß und von Ptolemäus II. Philadelfos als König anerkannt wurde.
Auf Magas folge 253 v. d. Z. seine einzige Tochter, die nach vielen Abenteuern schließlich Ptolomäus III. Euergetes heiratete.
Nach Magas Tod versuchten die Cyrenaiker immer wieder ihre Unabhängigkeit zu erlangen. Nachdem Ptolomäus III. durch seine Siege in Syrien seine Macht so festigen konnte, daß an einen Abfall nicht mehr gedacht werden konnte, mußte sich die Stadt mit dem Herrscher einigen.
Die Entwicklung der Zeit veranlaßte schließlich die Städte der Cyrenaika, sich zusammenzuschließen. Der Städtebund umfaßte: Cirene, Apollonia, Ptolemaide, Teuchira (das spätere Arsinoe) und Euesperide (das spätere Bengasi) und nannte sich Pentapolis Cirenaica. Der Bund konnte unbedingt als Machtfaktor anerkannt werden. Daß diese Tatsache auch voll anerkannt wurde, zeigt uns ein Staatsvertrag, der kurz vor Ausbruch dieses Krieges ausgegraben wurde. Ptolemäus wurde als oberster Kriegsherr anerkannt und diesem 5 Strategen beigegeben, die vermutlich die Vertreter der fünf großen Städte der Cyrenaika waren.
Unter der Herrschaft der Ptolemäer (von 322 – 96 v. d. Z.) ging der wirtschaftliche Wohlstand der Cyrenaika ständig zurück. Das Geld floß in die neuen Hauptzentren. Die Städte verfielen langsam und entvölkerten sich. Lediglich Küstenstädte wie Apollonia und Ptolemaide konnten noch ihren alten Glanz bewahren.
Als Ptolomäus VII. aus Bruderhaß die Cyrenaika den Römern überließ, hatte er vorher seinen Sohn Apione als König dort eingesetzt. Apione wiederholte im Jahre 96 v. d. Z. sterbend die väterliche Schenkung und bat Rom um praktische Inbesitznahme des Gebietes.
Der römische Senat nahm die Schenkung an, beschlagnahmte die Staatsschätze und Güter, ließ aber die Städte der Pentapolis Cyrenaica frei. Später allerdings (74 v. d. Z.) vereinigte man Creta und die Cyrenaika zu einer Provinz.
Während des ersten römischen Bürgerkrieges war die Cyrenaika Hochburg der Pompejaner. Der zweite Bürgerkrieg sah sie als Parteigänger des Antonius, der sich nach dem unglücklichen Ausgang der Seeschlacht von Actium nach hier zurückzog. Von Cornelius Gallus für Octavian erobert, bildete die Cyrenaika verwaltungsmäßig eine Senatsprovinz.
Augustus gab sich viele Mühe, die Cyrenaika zu neuer Blüte zu bringen. Kaum konnten die Städte wieder aufatmen, da verbreiteten sich zur Zeit Claudius' und Neros das Christentum, das sich hier mehr denn anderswo kulturzersetzend auswirkte.

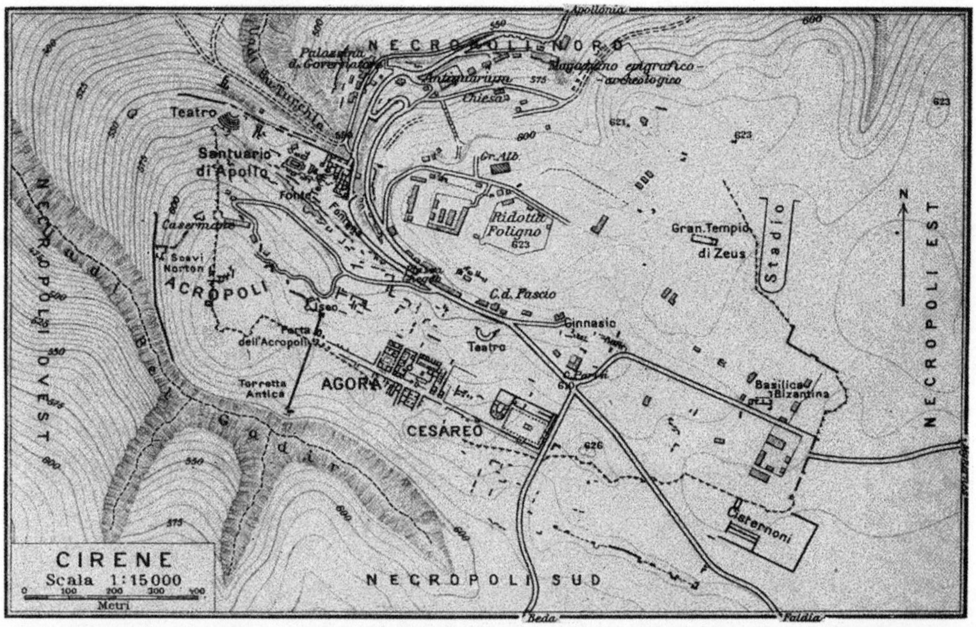

Karte von Cirene

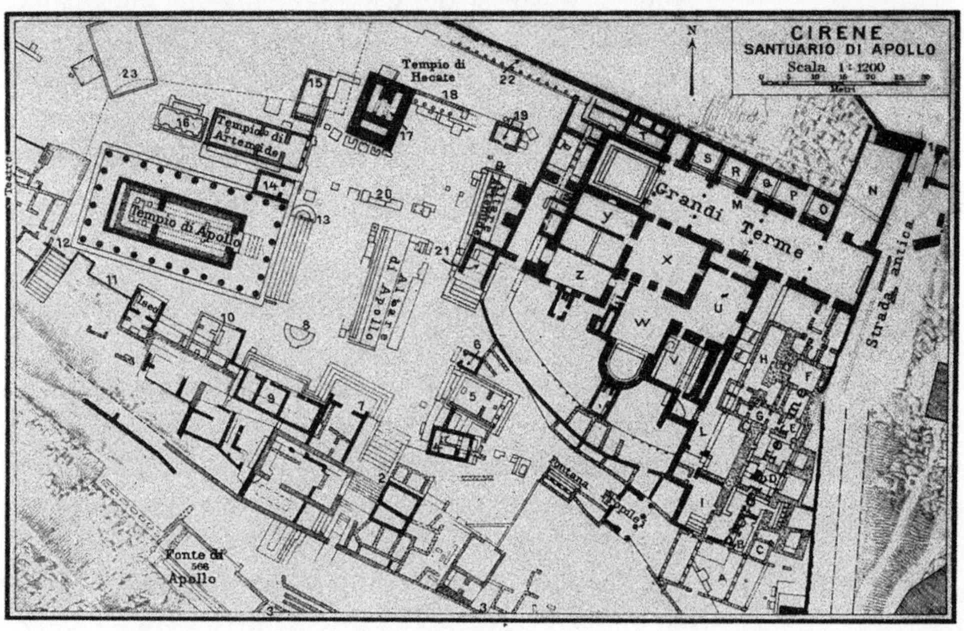

Im Jahre 115 n. d. Z. brach in der Cyrenaika eine blutige Judenrevolte aus. In ihrem unnachsichtigen Fanatismus ermordeten die Aufständischen alle Griechen und Römer, deren sie habhaft werden konnten, zerstörten und plünderten die Städte und verbrannten die Tempel.

Der maurische Marcius Turbone, ein Feldherr Trajans, unterdrückte zwar schnell und gründlich den Aufstand, aber zuviel war schon zerstört: es war die Ruhe des Todes, die über der Provinz lag. Kultur- und Kunstwerte, die in Jahrhunderten mühsam geschaffen wurden, waren unwiederbringlich verloren.

Mit kaiserlicher Hilfe gelang es zwar, Tempel und öffentliche Gebäude wieder neu zu errichten, aber es war doch nicht mehr jene verschwenderische Pracht von vordem. Wie sollte man aber das Land bearbeiten, da die Bevölkerung ja so gut wie ausgerottet war?

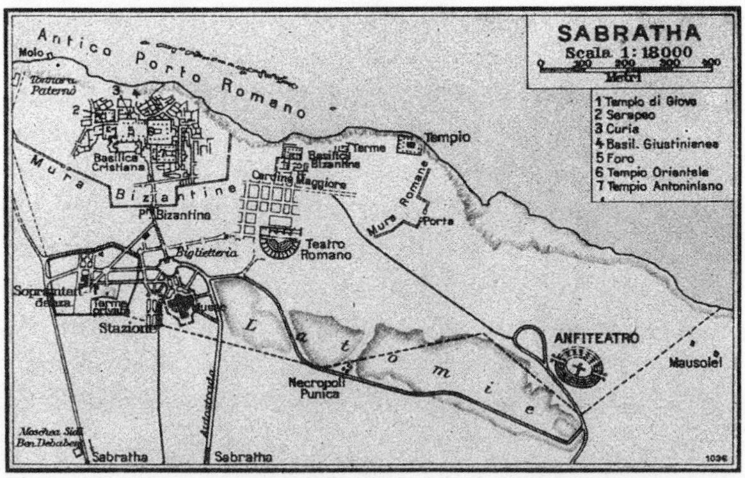

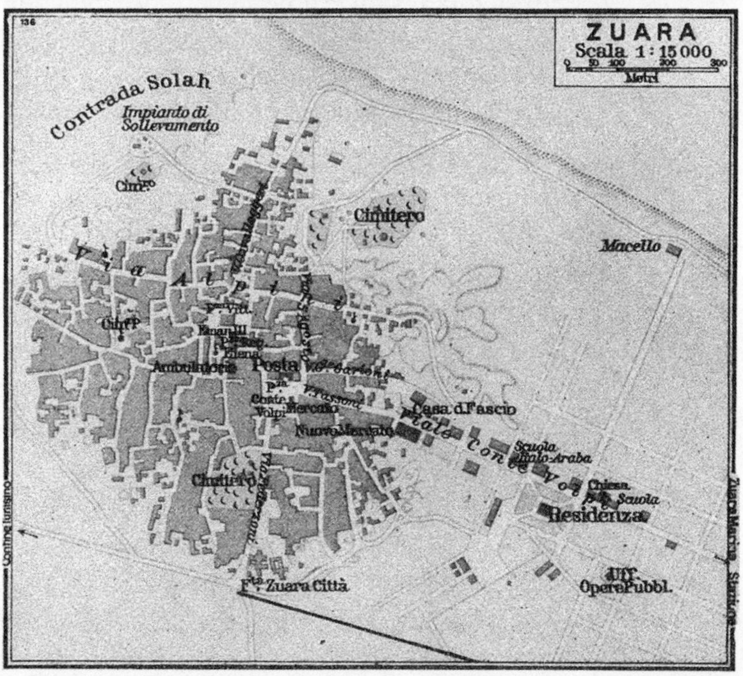

Sabratha 1:18 000

Zuara 1:15 000

Man dachte an viele Lösungen und entschloß sich schließlich, Militärkolonen mit ihren Familien hierher zu verpflanzen. Diese waren nichts anderes als das antike Vorbild und Gegenstück zu unseren »Wehrbauern«. Trotz versprechendster Erfolge mißlang der Versuch, den Verfall aufzuhalten, da die Revolten der Eingeborenenstämme immer häufiger und energischer wurden.

Die Reformen Diokletians änderten nur insofern die Lage, als die Cyrenaika 297 n. d. Z. der östlichen Diözese zugewiesen wurde.

Konstantin und seine Nachfolger versuchten immer wieder, hier positive Ergebnisse zu erreichen. Es war kein natürliches Gedeihen, sondern nur eine künstlich herbeigeführte Scheinblüte. Mit dem Augenblick, da man die Gebiete sich selbst überlassen mußte, brach alles zusammen. Soweit die Bevölkerung wohlhabend war, verzog sie in andere Provinzen.

Der endgültige Zerfall des Imperiums unter Arcadius machte rasche Fortschritte. Die Vandalen faßten festen Fuß in Nordafrika. Obwohl sie nicht bis zur Cyrenaika vordrangen, lähmte ihre Nähe jede private Initiative.

Nach dem Siege über die Vandalen versuchte Justinian noch einmal, aus der Cyrenaika einen Wertfaktor seines Imperiums zu machen. Er vereinte sie und Tripolitanien zu einer Provinz. Die Städte, die noch eine Bedeutung hatten, wie Berenike, Teuchira, Ptolomaide und Apollonia erhielten neue Verteidigungsmauern. An allen strategisch wichtigen Punkten der Provinz wurden Militärstationen errichtet, um der Landbevölkerung Schutz vor Überfällen räuberischer Eingeborenenbanden zu bieten. Die Voraussetzungen waren gute, man beging jedoch den Fehler, wenig oder nichts zur Hebung der Wirtschaft zu tun. Im Gegenteil: der byzantinische Fiskus preßte aus dem sich langsam erholenden Land noch den letzten Lebensstrom. Religiöse Zwistigkeiten und der wachsende Übermut der Eingeborenen führten zu einer Anarchie. Die wirklichen Herren im Lande waren schon lange nicht mehr die Militär- und Zivilbeamten Konstantinopels, sondern die Berber. Die byzantinischen Gouverneure, die nicht über die notwendigen Militärkräfte verfügten, um sich durchzusetzen, waren gezwungen, mit Intrigen zu arbeiten.

Durch Bestechungen hielten sie einige Häuptlinge ruhig. Andere wieder hetzten sie gegeneinander auf, so daß ein »Gleichgewicht der Kräfte« entstand. Diese ungesunden innerpolitischen Verhältnisse verschlimmerten sich noch weiter und erreichten ihren Tiefstand zur Zeit des Kaisers Eraclius.

Ein kleiner Stoß von außen mußte hier genügen, um das ganze byzantinische Kartenhaus zusammenbrechen zu lassen. Was da aber im Jahre 61 geschah, war eine Katastrophe. Ein persisches Heer unter Cosroe überflutete die Cyrenaika. Wenige Jahre später (642 n.d. Z.) waren es die Araber unter der Führung des Amr Ibn el-Aasi, die Land und Besitz zerstörten und die Einwohner in die Sklaverei verschleppten. Da diesesmal aber auch die Berber die Leidtragenden waren, konnten die Araber ihres leichten Sieges nicht froh werden. Der Berberführer Coseila griff mit seinen Stämmen die arabischen Streitkräfte energisch an und hatte anfangs gute Erfolge. Amr Ibn el-Aasis Nachfolger Zuheir Ibn Cais gelang es aber, die Berber vernichtend zu schlagen. Coseilla wurde ermordet.

Jetzt hielten die Byzantiner die Stunde für gekommen, die Cyrenaika zurückzuerobern und griffen im Jahr 688 an. Die Araber, durch die vorangegangenen Kämpfe erschöpft, konnten sich in diesem Konflikt nicht mehr durchsetzen und mußten sich schließlich in Richtung Ägypten zurückziehen. Mit den letzten 70 Mann seines Gefolges erreicht Zuheir Ibn Cais Derna. Von Gegnern aufgestöbert, wurde er und seine 70 Krieger ermordet. In der lokalen Überlieferung Dernas ist noch heute der Ort bezeichnet, wo er begraben wurde.

Die Byzantiner und die dauernd revoltierenden Berber hielten sich bis zum Auftauchen der wilden Horden des Hasan Ibn En'Numan, die die Oströmer Ende des VII. Jahrhunderts endgültig aus Afrika vertrieben.

Die wenigen Urkunden, die uns aus der Araberzeit überkommen sind, berichten von zahlreichen großen und kleinen Revolten.

Als die Fatimiden Ägypten eroberten und ihren Regierungssitz in Kairo eingerichtet hatten (972), wurde die Cyrenaika von eingeborenen Beamten verwaltet. Eine Zeit verhältnismäßigen Friedens trat ein, die bis zur Invasion neuer Eroberer anhielt.

Unter den Kerntruppen der Fatimiden waren es besonders zwei Stammesgruppen, die durch ihre ungezügelte Wildheit bekannt waren: die Beni Hilal und die Beni Suleim. Die friedliche Ruhezeit in Ägypten paßte diesen wilden Wüstenreitern gar nicht. Die Fatimiden betrachteten besorgt ihre Benjamine, die drauf und dran waren, Unruhe in das Land zu bringen. Unter einem Vorwand schob man sie nach Westen ab. Während die Beni Hilal vordrangen, blieben die Beni Suleim lange Zeit in der Cyrenaika. Als auch sie sich am Ende des XII. Jahrhunderts nach Westen in Marsch setzten, blieben nur wenige Familienstämme für immer in der Cyrenaika zurück.

Nun besetzten die Mamelukken, die das Fatimidenerbe in Ägypten nach dem Sturz der Ainbiten antraten (1215) die Cyrenaika. Weder sie noch ihre Nachfolger taten irgendetwas zur Förderung des Landes. Niemand dachte auch daran, die anarchistischen Zustände zu beseitigen, die ein geregeltes Leben ausschlossen. Bis zum Beginn der Türkenherrschaft 1517 war trostloses Elend das einzige Merkmal der einst so reichen und blühenden Provinz.

Nachdem auch Tripolis unter die Herrschaft der Hohen Pforte gefallen war, wurde die Cyrenaika der Regierungsgewalt des dortigen Paschas unterstellt. Lange Zeit hindurch war die Ausübung dieser Herrschaft nur nominell und ohne praktischen Wert.

Im Jahre 1638 schickte der Dai von Tripolis, Mohammed Sachizli, einen Gouverneur nach Bengasi, das eine Garnison wurde.

Nach dem Untergang der alten Kulturen war Bengasi der einzige Ort, der über die Jahrhunderte hinweg als Hafen und Handelsumschlagplatz Bedeutung behielt.
Als die Caramanli die Herrschaft in Tripolis an sich gerissen hatten (1711 – 1835), dehnten sie ihre Herrschaft auch über die Cyrenaika aus, deren Verwaltung jeweils einem Familienmitglied übertragen wurde.
Die Amerikaner besetzten Derna im Jahre 1805, um den Pascha Jussuf Caramanli zum Nachgeben in Seefahrtfragen zu zwingen. Mohammed Bey entfachte 1816 in der Cyrenaika einen Aufstand gegen seinen Vater Jussuf. Dieser entsandte ein Expeditionskorps unter Führung seines Sohnes Ahmed, dem es in kurzer Zeit gelang, die Cyrenaika von neuem zu unterwerfen.
Nachdem die Türken Tripolitanien wiederbesetzten und damit der Herrschaft der Caramanli 1835 ein Ende bereitet hatten, wurde die Cyrenaika zunächst ein Verwaltungsbezirk, der Tripolis unterstand. 1863 wurde sie zum Mutasarrifat erhoben und unterstand damit direkt Konstantinopel. Die Region wurde 1871 wieder Tripolis unterstellt, um in den darauffolgenden Jahren wieder Mutassarifat zu werden.
Auch in jener Zeit blieben Erschütterungen durch Aufstandsbewegungen nicht aus. Die bedenklichsten Revolten waren die der Braasa und der Mansur Abeidat, die von Rascid Pascha (1890 – 1893) niedergeschlagen wurden.
In der Cyrenaika hatten sich die Türken mit dem steigenden Widerstand der Eingeborenen auseinanderzusetzen, die durch die fanatischen Senussi aufgehetzt waren.
Die muselmanische Bruderschaft, die von Sidi Mohammed Ben Ali es Senussi gegründet war, breitete sich von der Zauia El Beda, in der Nähe von Grenna (d. i. das antike Cirene), schnell über das ganze Gebiet der Cyrenaika aus und griff auf die südlichen und westlichen Wüstengebiete bis nach Nadai und den Zonen des Ciadsees über. Wo Wasserstellen und etwas fruchtbarer Boden es gestatteten, errichteten die Senussi eine Zauia (d. i. eine Verbindung zwischen Herberge und Schule, Ruhe- und Unterweisungsort), und es dauerte nicht lange, bis die Senussia die Bevölkerung der Cyrenaika vollständig geistig beherrschte.
Die Herrschaft der Senussia war so fest verankert, daß den Türken die Beseitigung dieses Einflusses nicht gelang. Politisch wie verwaltungstechnisch versuchte man zwar alles, um der Senussiten Herr zu werden.
Um sie politisch tot zu machen, zwang man den Orden, seinen Sitz nach Giarabub (1856) und später (1895) sogar bis zur entfernten Oase Kufra zu verlegen. Damit erreichte man aber das Gegenteil, denn jetzt verfügte der Orden über einen damals so gut wie unantastbaren Zentralsitz, von dem aus die Direktiven an die blindergebenen Gefolgsleute gegeben wurden.
Erst als Frankreich und England nach dem Zwischenfall von Faschoda drohten, das ganze tripolitanische und cyrenaische Hinterland zu besetzen, führte gemeinsame Gefahr Senussiten und Türken zusammen. Eine türkische

Militärstation wurde 1910 in Giarabub eingerichtet, und eine andere türkische Militärabteilung besetzte Ain Galacca.
Italien, daß sich für die Besetzung Libyens vorbereitete, rechnete stark mit der natürlichen Feindschaft zwischen dem Senussiorden und den Türken. Die Hoffnung, mit dem Großsenussi zu einem Abkommen zu gelangen, sollte später zu unangenehmen Enttäuschungen führen.
Nach Ausbruch des italienisch-türkischen Krieges landeten italienische Truppen auch in der Cyrenaika und besetzten im Oktober 1911 Tobruk, Derna und Bengasi. Am 12. März 1912 wurden die arabisch-türkischen Streitkräfte in der Schlacht der »zwei Palmen« bei Suani Abd el-Gani geschlagen. Bengase war damit gesichert. Durch die Schlacht von Gasr el-Leben am 17. September sicherten sich die Italiener endgültig Derna.
Trotz aller Niederlagen und Verluste, die die cyrenaische Bevölkerung erlitten hatte, hetzte die Senussia zu weiterem Widerstand und war durchaus nicht mit dem Vertrag von Lausanne zufrieden.
Enver Bey erklärte, daß er diesen Frieden nicht anerkannte und blieb vorerst in Afrika. Er organisierte irreguläre Truppen, die dauernden Zustrom Eingeborener erhielt.
Die Besetzung Libyens durch die Italiener kam den Engländern ganz ungelegen. Sie halfen den Eingeborenen und den Senussi, wo sie nur konnten. Von Ägypten aus erhielten die Gegner Italiens Waffen, Munition und Geld, um einen Jahre währenden Widerstand durchhalten zu können. So hörte denn der Kampf auch dann nicht auf, als Enver Bey wegen der Balkanereignisse nach Konstantinopel zurückgerufen wurde.
Beinahe ohne Unterbrechung kämpfend, besetzten die Italiener im Laufe des Jahres 1913 die Westzonen Er-Regima, El-Abbiar, Tocra, Ptolemaide, El Merg und Cirene; im Osten wurden die feindlichen Stellungen von Et-Tangi am 19. Juni genommen und El-Mdauar besetzt. Trotzdem setzten die Senussiten von ihren Stützpunkten aus die Feindseligkeiten fort, die Kämpfe waren zwar weiter hart, nahmen aber mehr und mehr den Charakter eines Partisanenkrieges an.
Nachdem Anfang 1914 die südlich gelegenen Gebiete gesäubert, Agedabia erobert und die Hauptstützpunkte der Rebellen zerstört worden waren, wäre es jetzt leicht gewesen, die letzten Reste des Widerstandes endgültig zu brechen. Aber die Sorge um die ersten Weltkriegsereignisse veranlaßte die italienische Führung, infolge der in Tripolitanien ausgebrochenen Revolte die Kampftruppen bis zur Küste zurückzunehmen. Die Räumung der inneren Zonen wurde von den Eingeborenen als eigener Erfolg gebucht und bedeutete einen unangenehmen Prestigezuwachs der Senussia. Für die Leitung des Senussiordens grenzten diese Ereignisse an das Wunderbare. Ihr Fanatismus verdoppelte sich und sah nicht mehr die Grenzen der Wirklichkeit.
Innerhalb der Eingeborenenbevölkerung aber machte sich der lange Kleinkrieg immer mehr bemerkbar. Neben einer beängstigenden Hungersnot tra-

ten da und dort Pestfälle auf. Bis auf eine relativ kleine Zahl von Fanatikern wollte die Masse wieder Frieden und ruhige Verhältnisse. Da Italien sehr nachsichtig und entgegenkommend zu allen Eingeborenen war, neigten viele Stämme zu einer versöhnlichen Haltung.

Ahmed Esc-Scerif, der Großsenussi, schien nach seinem mißglückten Angriff gegen die Engländer an der ägyptischen Grenze aus Opportunitätsgründen bereit, sich mit den Italienern vertraglich auszusöhnen. Um die Verhandlungen zu erleichtern, zog er sich zurück und übertrug die Ordensleitung seinem Vetter Idris.

Die Verhandlungen begannen am 17. April 1917. In Acroma wurde ein Vertrag unterzeichnet, der den Senussi größte Freiheiten einräumte und ihnen sogar eine ansehnliche Streitmacht zubilligte.

Bis zum Ende des ersten Weltkrieges blieb alles ruhig. Als aber Italien nach Kriegsschluß die cyrenaischen Grundgesetze (»carta statuaria«) veröffentlichte, begann es überall sofort wieder zu gären.

Die unruhigen Senussi setzten sich mit den Rebellen Tripolitaniens in Verbindung und beschlossen im Geheimabkommen von Challet ez-Zeituna neue Aufstände.

Den einflußreichen Senussi fiel es nicht schwer, die Eingeborenen von neuem aufzuwiegeln.

Italien, über die unterirdischen Wühlereien vollkommen unterrichtet, versuchte es trotzdem noch einmal, durch direkte Verhandlungen mit dem Groß-Senussi zu einer endgültigen Einigung zu gelangen.

Der Versuch gelang scheinbar. Im Vertrage von Er-Regima (25. Oktober 1920) wurde Saied Mohammed Idris der Titel eines Emir verliehen, und ihm – unter der Oberherrschaft Italiens – die Hoheitsrechte über die Oasen Giarabub, Augila, Gialò und Cufra garantiert. Ihm wurde ausdrücklich erlaubt, in Agedabia seine Residenz aufzuschlagen. Der Idris verpflichtete sich, innerhalb eines vorgesehenen Zeitraumes die militärischen Stützpunkte aufzulösen.

Deutsche Panzer überrennen
feindliche Batteriestellung

Durch einen weiteren, im Oktober 1921, abgeschlossenen Vertrag erhielt der Idris neue geldliche Konzessionen. Weiter wurde die Einrichtung gemischter Militärlager beschlossen. Von nun an sollten die Senussitenstreitkräfte mit italienischen Truppen in gemischten Militärlagern untergebracht werden.

Diese außerordentlich großzügige italienische Politik wurde vom Groß-Senussi als Schwäche ausgelegt. Kurz nach diesem Vertragsabschluß verhandelte er schon wieder mit den tripolitanischen Rebellen in der Hoffnung, auch auf diese Gebiete sein Emirat ausdehnen zu können.

Das Doppelspiel kam heraus, und der Idris suchte Zuflucht in Ägypten. Damit war jede Möglichkeit einer friedlichen Lösung für die Zukunft erschöpft. Italien ging nun unnachsichtig und energisch vor.

Nachdem Tripolitanien vollkommen befriedet war, wollte Italien auch in der Cyrenaika seine Hoheitsrechte endgültig gesichert sehen. Am 23. März wurden alle Senussistreitkräfte, die in den gemischten Militärlagern untergebracht waren, aufgelöst und der Groß-Senussi aufgefordert, sofort allen Verpflichtungen nachzukommen, die sich aus den abgeschlossenen Pakten ergaben.

Der Groß-Senussi antwortete mit der Zusammenziehung seiner Streitkräfte im Raum von Agedabia. Eine energisch geführte Aktion zerstreute diese Krieger.

Jetzt hatte die italienische Regierung alle Rechtstitel in der Hand, um die bestehenden Pakte, einschließlich der Privilegien, für nichtig zu erklären. Die Senussiten reagierten sofort. Sie reorganisierten ihre alten Militärlager und Stützpunkte und leiteten eine Großaktion bei den Eingeborenenkabylen ein, die für den Kleinkrieg geschult wurden.

Die italienischen Streitkräfte gingen diesesmal ganz systematisch vor und drängten die Rebellen in die südlichsten Teile des Hochplateaus zurück.

Inzwischen konnte Italien mit Ägypten die Ostgrenze der Cyrenaika festlegen. Im italienisch-englisch-ägyptischen Abkommen vom 6. Oktober 1925 wurde der genaue Grenzverlauf festgelegt. Damit waren auch die Voraussetzungen gegeben, den Waffen- und Munitionsschmuggel zu unterbinden, der von Ägypten aus den Rebellen zugute kam.

Italienische Truppen stießen 1926 bis zur Oase Giarabub vor. Die Besetzung der Ordenszentrale hatte jedoch nicht jene psychologische Wirkung auf die Masse der Eingeborenen, wie man vorher annahm. Zu fest war der Orden verankert, als daß äußere Propaganda irgendwelchen Einfluß hätte gewinnen können.

Die Senussi, die sich jetzt vor die Existenzfrage gestellt sahen, mobilisierten nun alles, was ihnen an Reserven überhaupt noch zur Verfügung stand. Die Folge davon war, daß der Aufruhr von neuem bis zur Küste vorgetragen wurde.

Italien ging nun auch mit äußerster Energie vor. Im Herbst 1927 drang man kämpfend bis El-Agheila, dem südlichsten Punkt des Golfes der großen Syrte, vor.
Alle notwendigen Streitkräfte waren inzwischen gesammelt, um den entscheidenden Schlag zu führen. Schon setzten sich die neuen Kolonnen in Bewegung, als sich typische Ermüdungserscheinungen in den Reihen der Gegner zeigten.
Die Senussileitung verlor die Nerven. Der Bruder des Idris, Mohammed er-Reda, der bisher die Revolte geleitet hatte, war durch die überraschende Besetzung der Oasen von Gialo (im Februar) und von Marada (im März) verwirrt worden.
Als die erste Überraschung vorüber war, verstärkte man den Bandenkrieg in der Cyrenaika.
Der 13. Juni 1929 war wieder ein schwarzer Tag für die Senussiten. Entsprechend den Bedingungen einer Proklamation des Marschall Badoglio unterwarfen sich zahlreiche Rebellenführer mit ihrem Gefolge.
Italien konnte über den Erfolg froh sein, denn unter den Bandenführern befand sich auch Omar el Muchtar.
Omar el Muchtar war einer der einflußreichsten und fähigsten Führer der Aufstandsbewegungen. Agenten des Senussi bewogen ihn, wortbrüchig zu werden, anstatt seine Kampfgruppen aufzulösen, organisierte er sie um so straffer.
Im November überfielen die »Duar« (so nannten sich die Rebelleneinheiten Omar el Muchtars) Zaptierabteilungen [Zappatori „Erdarbeiter"] der Italiener bei Gasr Beni Gdem und metzelten alle nieder.
Das war nun doch zu viel. Die italienische Reaktion war dementsprechend energisch.
General Graziani, der damalige Vizegouverneur der Cyrenaika, war überzeugt, daß all diese Aufstände nur mit Hilfe der Bevölkerung möglich seien. Äußerlich hielt sich diese ruhig und friedlich, half aber in jeder Hinsicht den kämpfenden Aufständischen. Graziani wollte das Übel mit der Wurzel ausrotten. Er entwaffnete nicht nur die ganze Bevölkerung, sondern auch alle irregulären Verbände. Die Eingeborenen ließ er, zusammen mit ihrem Hab und Gut einschließlich dem Vieh, in gigantische Konzentrationslager längs der Küste bringen und dort unter strengste Bewachung stellen.

Im Juni 1930 begannen die letzten großen militärischen Operationen zur endgültigen Befriedung der Cyrenaika. Man begann vorerst im Gebel aufzuräumen.
Von Agedabia und aus innertripolitanischen Gebieten setzten sich italienische Kolonnen in Bewegung und konnten schon am 24. Januar 1931 die italienische Flagge auf dem Et-Tag hissen.
Um den Versorgungsschmuggel an Waffen und Munition von Ägypten aus zu unterbinden, errichtete General Graziani einen 300 km langen, hohen und breiten Stacheldrahtverhau von Giarabub bis zur Küste.
Während eines Überraschungsangriffs gegen Dor Braasa wurde Omar el Muchtar gefangengenommen. Nach einem summarischen Prozeß wurde er im Mai 1932 hingerichtet.
Ihres Führers beraubt, brach der Aufstand zusammen und Italien konnte endlich daran gehen, sein gewaltiges Aufbauprogramm durchzuführen.
Es entstand nun der grandiose Hafen von Bengasi. Ein technisch vollendetes Straßennetz wurde in Rekordzeit geschaffen. Den Straßenbauten folgte die Verwirklichung eines großzügigen Kolonisationsprogrammes, das zehntausende italienische Bauern in eine neue Heimat verpflanzte.
Seit 1929 sind die Cyrenaika und Tripolitanien zu einer verwaltungstechnischen Provinz zusammengefaßt worden. Heute nennt sich das gesamte Gebiet »Libyen«.

Deutsche Panzer vernichten indische Artillerie bei Sidi Omar

Frontleitstelle Rom

Obwohl nicht in Afrika, gehört doch die Frontleitstelle Rom zur festen Begriffswelt der Großzahl der Afrikakämpfer.

Tausende um Tausende strömen Monat für Monat zur Front oder kehren von ihr zurück. Für sie alle ist Rom entweder letztes oder wieder erstes bewußtes Erleben Europas.

Das goldene Gästebuch der Frontleitstelle Rom enthält wohl beinahe lückenlos alles, was der nordafrikanische Kriegsschauplatz an Namen aufzuweisen hat. Wie ein roter Faden zieht sich durch alle Seiten der Gedanke »... wir sind dankbar, – wir fühlten uns wie zuhause.«

Kann irgendwie menschlicher Ausdruck einfacher Anerkennung ausdrükken, als es die schlichten Worte der Afrikakämpfer tun?

Kämpfende Skorpione

Bilderverzeichnis